NÄHEN KOMPAKT

Erste Schritte

Alle Grundlagen und Techniken
Step-by-Step erklärt

EMF

EIN BUCH DER
EDITION MICHAEL FISCHER

IMPRESSUM

Bibliografische Information der Deutschen Bibliothek.

Die Deutsche Bibliothek verzeichnet diese Publikation in der Deutschen Nationalbibliografie.

Detaillierte bibliografische Daten sind im Internet über http://www.dnb.de/ abrufbar.

EIN BUCH DER EDITION MICHAEL FISCHER

1. Auflage 2018

Bildnachweis: Elisabeth Berkau (S. 78, 80, 82, 84), BROTHER Sewing Machines Europe GmbH (S. 18, 37, 43), Claudia Günther (S. 15, 79, 81, 83, 85), Laura Hertel (S. 13, 17), Yvonne Jahnke (S. 70/71), Patrick Wittmann (S. 4, 10, 59, 64, 66/67 68, 74, 76/77), Blanca Popp (alle weiteren) © EKramar/Shutterstock (S. 72), © christina_pauchi/Shutterstock (S. 96)

Texte: Claudia Günther (S. 14, 78, 80, 82, 84), Yvonne Jahnke (S. 70),
Blanca Popp (alle weiteren)

Redaktion und Lektorat: Beate Schmitz

ISBN 978-3-86355-866-6

Printed in Slovakia

www.emf-verlag.de

MIX
Aus verantwortungsvollen Quellen
FSC® C023577
FSC www.fsc.org

INHALT

GRUNDLAGEN ZUM NÄHEN

ÜBUNG MACHT DEN MEISTER

innov-is VQ2
11 inch

NÄHEN MACHT GLÜCKLICH

Wer näht, ist glücklich – das ist einfach so!

Wähle deinen Lieblingsstoff und los geht's. In diesem Buch erfährst du alles, was du wissen musst, um an der Nähmaschine so richtig durchzustarten.

Detailreiche und bebilderte Anleitungen begleiten dich auf deinem Weg vom ersten Stich bis zum ersten handgefertigten Nähprojekt. Und schon steht dem individuell gestalteten Zuhause nichts mehr im Weg!

Am Ende gibt es nichts Schöneres, als ein selbst genähtes Unikat in Händen zu halten. Ob praktische Kissenhülle oder schicker Organizer – deine ganz persönlichen Einzelstücke werden garantiert zu treuen Begleitern.

Aber Vorsicht: Wer einmal anfängt, kann womöglich gar nicht mehr aufhören zu nähen!

GRUNDLAGEN ZUM NÄHEN

DAS WICHTIGSTE ÜBER STOFFE

WEBWARE

Dazu gehören alle Textilien, die auf dem Webstuhl hergestellt werden. Webware besteht aus Kett- und Schussfäden, die nach einem regelmäßigen Schema miteinander verwoben sind. Es gibt unterschiedliche Arten der Verkreuzung von Kett- und Schussfaden. Die einfachste ist die **Leinwandbindung**, dabei liegen jeweils abwechselnd ein Kett- und ein Schussfaden nebeneinander.

Die zweite wichtige Bindungsart ist die **Köperbindung**. Hier wechselt eine unterschiedliche Anzahl von Kett- und Schussfäden regelmäßig, wie etwa 1 Kettfaden, 2 Schussfäden, 1 Kettfaden, 2 Schussfäden usw. Im Erscheinungsbild ergibt das eine Struktur mit feinen Diagonalen. Köperbindige Stoffe sind sehr strapazierfähig und in der Regel dicht gewebt.

Der dritte Grundtyp ist die **Atlas- oder Satinbindung** – der Name weist schon auf die bekannte Stoffart hin.

Eine Variante davon ist die **Jacquardbindung**. Sie geht auf den französischen Weber Joseph-Marie Jacquard zurück, der 1805 dafür einen technisch aufwendigen Webstuhl erfand. Dadurch wurde es möglich, komplizierte Muster und frei gestaltete ornamentale Formen in Stoffe einzuweben. Bei Jacquardstoffen sind die Muster stets auf der Rückseite gespiegelt. Jacquardbindungen werden für Möbelstoffe und Tischwäsche bevorzugt. Auch für hochwertige Bekleidungsstoffe, wie solchen für die Haute Couture, wird gern diese in der Herstellung aufwendigere und deshalb kostspieligere Bindungstechnik eingesetzt. Von den drei wichtigsten Bindungsarten gibt es zahlreiche Varianten, die sich jedoch meist anhand der beschriebenen Merkmale unterscheiden lassen.

WIRKWARE

Diese Textilart gehört zu den Maschenwaren und wird nur maschinell hergestellt. Bei Wirkware bildet der Faden übereinanderstehende Maschen, wobei für jede einzelne Masche eine Nadel bereitgestellt wird. Wirkware ist eher Fortgeschrittenen zu empfehlen, die bereits ein wenig Übung haben. Mit der richtigen Nähmaschineneinstellung lässt sich auch dieses leicht dehnbare Material gut verarbeiten. Ein Vorteil an Wirkware ist, dass die Kanten nicht unbedingt versäubert werden müssen, da es weniger „Laufmaschen" gibt als bei Strickware.

STRICKWARE

Sie gehört ebenfalls zu den Maschenwaren. Bei der Verarbeitung sollte man darauf achten, dass keine Maschen fallen, da sich sonst das gesamte Gestrick auflösen kann. Am besten ist es, die Kanten mit einem schmalen, dichten Zickzackstich zu sichern, damit die Strickware elastisch bleibt, die Versäuberungsnaht aber nicht zu viel Breite beansprucht.

FASERARTEN

Die genannten Bindungstechniken können mit verschiedensten Garnen umgesetzt werden. Garne bestehen aus Fasern, die unterschiedlichen Ursprungs sind, sie werden ebenfalls in drei Kategorien eingeteilt.

Pflanzenfasern: Dazu gehören alle Fasern, die von Pflanzen gewonnen werden, wie Baumwolle, Flachs, Hanf und Bambus.

Tierfasern: Dazu gehören Haare von Tieren, wie Schaf, Ziege, Kamel und Kaninchen sowie die Faser aus dem Kokon der Seidenraupe.

Chemiefasern: Sie werden hauptsächlich unterteilt in zellulosische und synthetische Fasern. Erstere werden aus natürlichen Rohstoffen wie Zellstoff hergestellt, der synthetisch aufbereitet und zu einem Endlosspinnfaden verarbeitet wird. Zu den synthetisch hergestellten Fasern gehören Polyester, Polyamid, Elasthan und Mikrofasern. Die Polyesterfaser zählt zu den reißfestesten Materialien. Wolle und Baumwolle werden häufig mit Polyester versponnen, um dem Garn mehr Stabilität zu verleihen.

Webware

Köperbindung

Jacquardbindung

Wirkware

Strickware

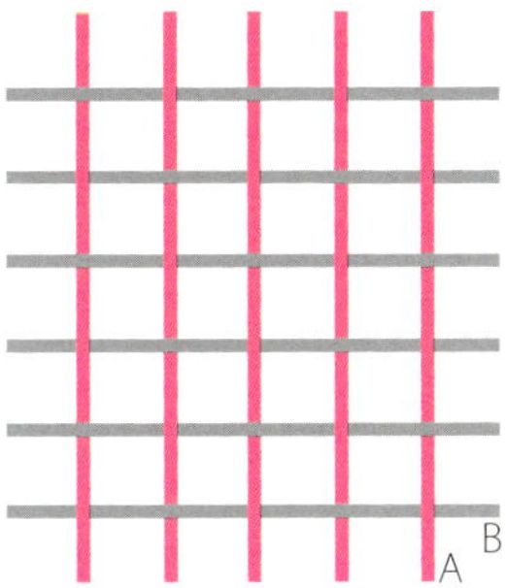

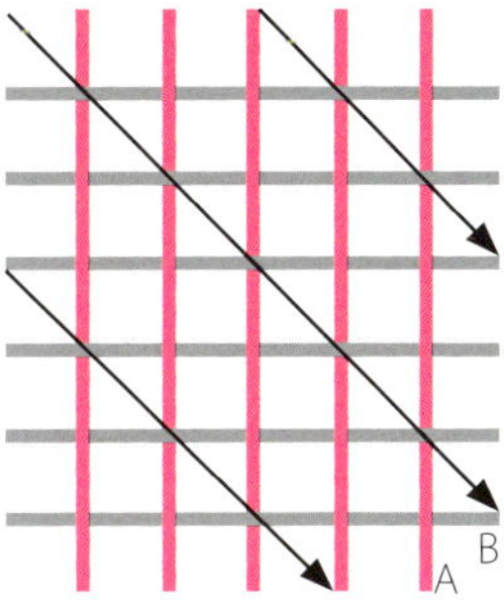

Leinwandbindung

Köperbindung

A Kette B Schluss

WELCHER STOFF IST DER RICHTIGE?

Die Stoffwahl hängt vom Modell ab, das man schneidern möchte, und muss darauf abgestimmt werden. Für einen eng anliegenden Rock beispielsweise ist es wichtig, keinen zu locker gewebten Stoff auszusuchen. Das Material wird in der Bewegung und beim Sitzen stark beansprucht, und deshalb sind eher Stoffe mit dicht gewebter Struktur geeignet, wie mit Köperbindung. Diese halten den Stoff gewissermaßen in Form, sodass der Rock nicht so leicht ausbeulen kann.

Ist man jedoch auf der Suche nach einem Stoff für ein leichtes, locker fallendes Sommerkleid, ist es ratsam, Material mit einer einfachen Webart wie der Leinwandbindung zu verarbeiten. Für eine körperbetonte Bluse sollte man Stoffe mit einem geringen Elasthananteil wählen. Dieser sorgt für mehr Tragekomfort, denn das Material passt sich Bewegungen leichter an. Und wenn du ein Etuikleid nähen möchtest – aus einem leichten Wollkrepp wird es traumhaft schön!

Stoffauswahl

EINLAGESTOFFE

Zur Verstärkung von Kragen, Manschetten oder Blenden gibt es die Möglichkeit, Einlagestoffe zu verwenden. Dabei unterscheidet man zwischen gewebter Einlage, die oft aus Baumwolle besteht, oder einem Bügelvlies, das meist aus Polyester hergestellt wird. Beide Versionen haben eine Klebeseite und können aufgebügelt werden. Für Profis wird auch lose Einlage zum Festnähen angeboten. Einlage ist in unterschiedlichen Stärken erhältlich und sollte immer auf die Stoffart abgestimmt werden. Zum Wattieren von Taschen und Decken usw. kann man dickeres Volumenvlies verwenden. Dieses gibt es ebenfalls in verschiedenen Stärken, manche Versionen können aufgebügelt werden. Es verleiht dem Stoff mehr Volumen und Stand.

Gewebte Einlage

TIPP

Für eine eng anliegende Bluse ist es praktisch, Stoffe mit einem geringen Elasthananteil (3–5 Prozent) zu wählen. Dieser sorgt für Bequemlichkeit und kaschiert so manches kleine Passformproblem.

Volumenvlies

HANDWERKSZEUG

GRUNDAUSSTATTUNG

Ebenso wichtig wie das Maßband ist eine Zuschneideschere für deinen Stoff, die an der Spitze leicht nach oben gebogen ist, damit die Arbeitsfläche beim Zuschnitt nicht zerkratzt wird. Unverzichtbar sind auch eine kleine Handarbeitsschere, um z. B. Fädchen abzuschneiden, eine Papierschere für Schnittmuster und Co., Bleistift, Lineal, Geodreieck, Schneiderkreide, Nahttrenner, Handnähnadeln sowie Stecknadeln. Stecknadeln gibt es mit und ohne bunte Köpfe. Glaskopfstecknadeln eignen sich gut zum Stecken von Säumen, die man von Hand näht; Nadeln ohne Köpfe werden eher von Profis verwendet, die Nähte auch ohne vorheriges Heften gleich an der Maschine steppen. Wenn die Nadeln im rechten Winkel zur Naht gesteckt sind, kannst du auch einmal vorsichtig darübernähen, ohne befürchten zu müssen, dass das Köpfchen abbricht.

NÄHGARN

Zum provisorischen Zusammennähen von Schnittteilen für die Anprobe gibt es spezielles Heftgarn, es ist meist naturfarben und lässt sich leicht reißen. Nahezu alle Stoffe lassen sich mit den üblichen Nähmaschinengarnen aus Polyester verarbeiten – nicht umsonst heißen sie „Allesnäher“! Dabei ist es am besten, hochwertiges Garn von renommierten Herstellern zu verwenden; mit den eher preisgünstigen Garnen gerät das Nähen oft zur Geduldsprobe, wenn der Faden ständig abreißt. Nähmaschinengarn ist in unzähligen Farben und in verschiedenen Lauflängen erhältlich. Für Overlockmaschinen werden spezielle, sehr feine Garne angeboten. Zum Handnähen kann man Nähgarn aus reiner Seide verwenden, es ist etwas dicker als Polyestermaschinengarn und wird bei hochwertigen Stoffen eingesetzt. Und wer Knopflöcher von Hand näht, braucht zusätzlich Knopflochseide.

1 Stoffschere

2 Nahttrenner

3 Maßband

4 Handarbeitsschere

5 Nähgarn

6 Stecknadeln

7 Bleistift

8 Papierschere

9 Handmaß

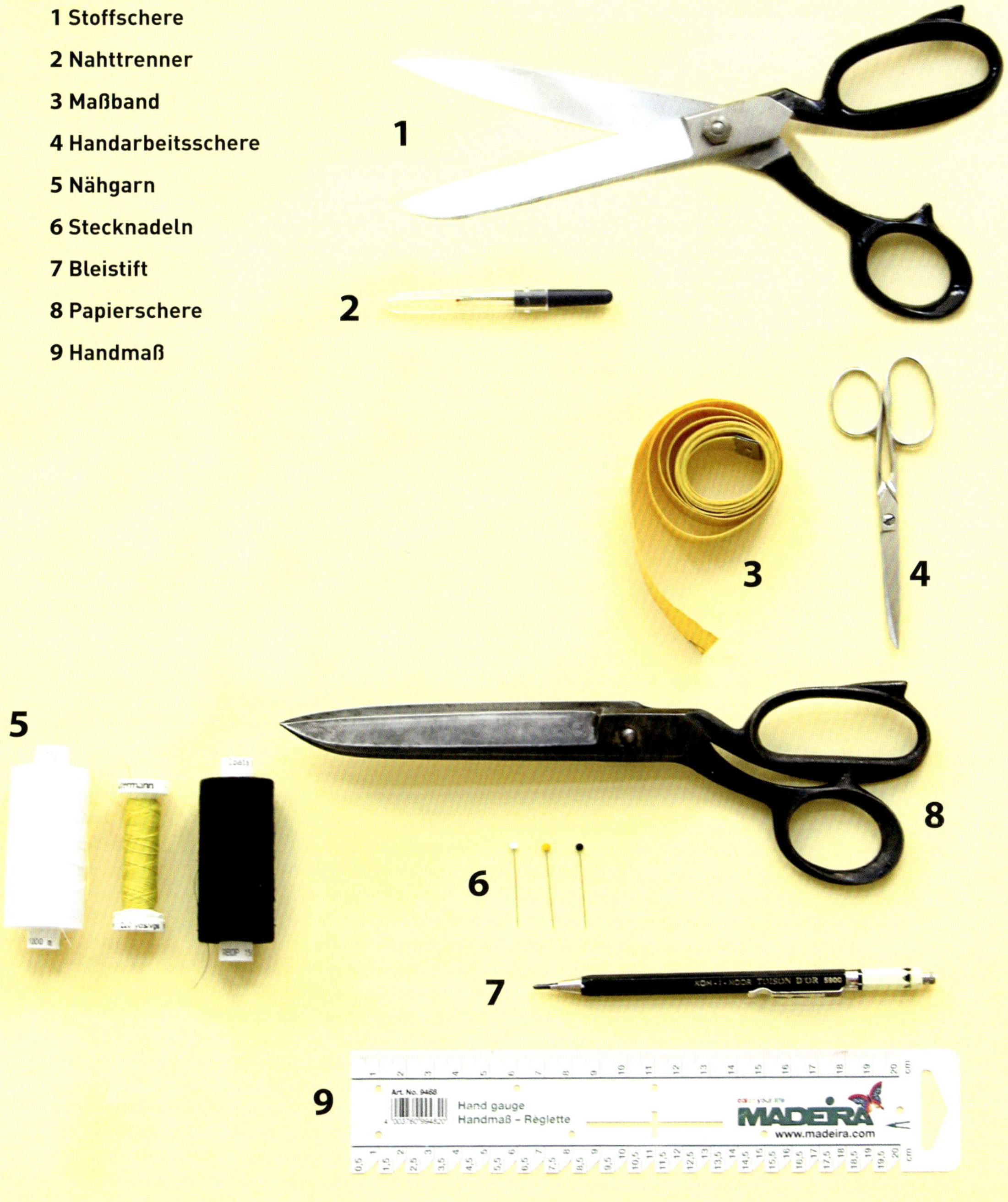

KURZWAREN

VERSCHLÜSSE

Um Taschen zu verschließen, gibt es vielfältige Möglichkeiten. Sehr gut geeignet und leicht anzubringen sind z. B. Magnet- und Drehverschlüsse sowie Steckschlösser und -schließen, die es in vielen verschiedenen Ausführungen gibt.

RINGE UND KARABINER

Um Trageriemen zu befestigen und in der Länge zu verstellen, gibt es verschiedene Arten von Karabinern, D-Ringen, Regulierern und Steckverschlüssen in vielen Farben und Metalllegierungen. Je nach Größe und Farbe dienen sie auch als Zierde.

KAM SNAPS

Hierbei handelt es sich um Plastikdruckknöpfe, die es in vielen verschiedenen Farben und auch Formen gibt. Mit ihnen kannst du Taschenklappen, Innentaschen und noch viel mehr versehen – und das immer in der passenden Farbe zum Stoff.

GURTBAND

Taschengriffe, Trageriemen, Schlaufen etc. lassen sich sehr gut aus Gurtband herstellen. Hier hast du die Wahl zwischen Gurtband aus Polyester und Baumwolle in verschiedenen Breiten. Während Baumwolle das natürlichere Material ist, hat Polyester den Vorteil, weniger zu wiegen und schneller zu trocknen. Die Enden von Polyester-Gurtbändern sollten vor der Weiterverarbeitung mit einem Feuerzeug versiegelt, die von Baumwollgurtband mit einem Zickzackstich versäubert werden, damit nichts ausfransen kann.

REISSVERSCHLÜSSE

Es gibt viele verschiedene Reißverschlussarten für Dekorations- und Aufbewahrungsobjekte in verschiedenen Breiten. So gibt es Reißverschlüsse in fertigen Längen oder Endlosreißverschlüsse. Diese sind besonders praktisch, da sie individuell auf das entsprechende Projekt zugeschnitten werden können. Außerdem kann man hier einen größeren Vorrat anlegen. Die Reißverschlüsse gibt es in verschiedenen Farben, metallisiert (in Kupfer, Silber oder Gold) oder besonders dekorativ als Spitzen-Reißverschluss.

KORDEL

Kordel gibt es in verschiedenen Dicken, Farben und Arten (geflochten oder gedreht). Sie eignen sich besonders gut als Dekoration oder auch als Henkel. Auch der Blick in den Seglerbedarf kann hier lohnen oder du recycelst Kordel oder Taue, die du bereits zu Hause hast.

WEBBÄNDER

Mit Webbändern lassen sich Näharbeiten wunderbar verzieren. Sie sind in allen erdenklichen Farben und Mustern erhältlich und sicher auch passend zu deinen Ideen.

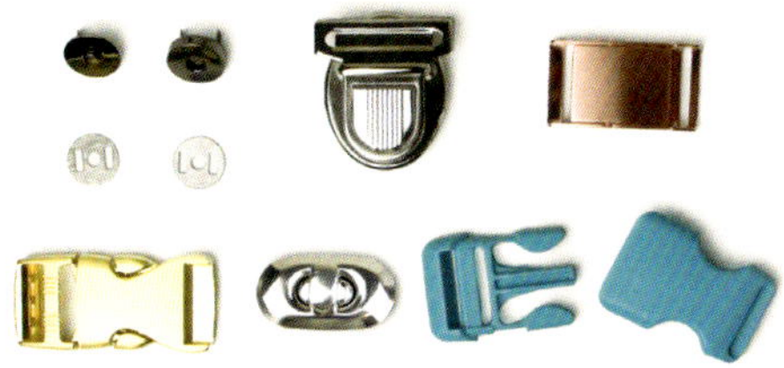

Verschlüsse

Gurtband

Ringe und Karabiner

Reißverschlüsse

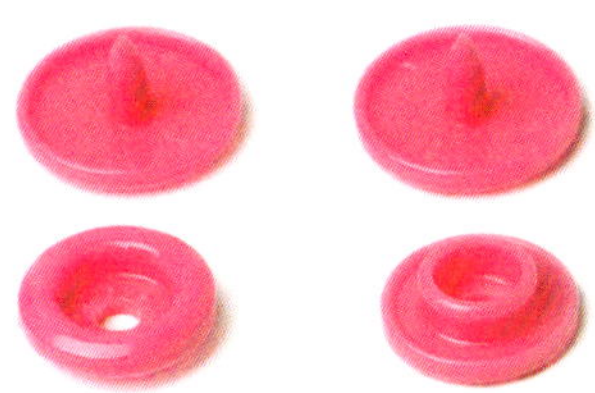

Kam Snaps

Kordel

NÄHMASCHINE

STANDARDAUSSTATTUNG

Jede Nähmaschine hat eine Standardausstattung mit Nähfüßchen, Spulen und Zubehör. Achte darauf, dass alle in der Bedienungsanleitung angegebenen Utensilien dabei sind.

EINFÄDELN

Jede Nähmaschine arbeitet mit einem Unter- und einem Oberfaden. Der Unterfaden muss auf eine Spule gewickelt werden. Dazu gibt es eine Vorrichtung im oberen Bereich der Nähmaschine. Ist die Spule aufgewickelt, legt man sie nach Herstelleranweisung ein. Bei älteren Modellen legt man sie in das Spulengehäuse, zieht den Faden heraus und setzt das Gehäuse unten in die Maschine ein. Anschließend wird der Oberfaden von „Station" zu „Station", genau nach Anleitung, eingefädelt.

WICHTIGE FUNKTIONEN

Jede Nähmaschine kann bestimmte Funktionen ausführen wie Geradstich und Zickzackstich, das sind die wichtigsten und oft gibt es auch Elastikstich, Blind- oder Saumstich und Overlockstich. Eine Knopflochautomatik gehört ebenfalls zu den Standardfunktionen. Je nach Modell werden unterschiedliche Sticharten angeboten.

PROBENAHT

Bevor du mit den Schnittteilen loslegst, solltest du auf dem Originalstoff mit doppelter Stofflage eine Nähprobe machen. Prüfe dabei, ob Unter- und Oberfaden im Stoff gleichmäßige Stiche bilden. Die Verschlingung der Fäden sollte sich zwischen den Stofflagen befinden. Falls sich die Verschlingung (Knötchen) auf der Oberseite befindet, heißt das, dass der Oberfaden zu stramm ist und die Fadenspannung gelockert werden kann. Falls sich die Verschlingung (Knötchen) auf der Unterseite zeigt, kann die Oberfadenspannung höhergedreht werden.

Bei den meisten modernen Nähmaschinen kann man nur die Oberfadenspannung einstellen, die Unterfadenspannung wird automatisch reguliert. Der Regler für die Oberfadenspannung zeigt einen markierten Bereich an, der sich für eine breite Auswahl von Stoffen eignet. Trotzdem ist es empfehlenswert, manchmal ein wenig zu experimentieren, bis man die richtige Einstellung gefunden hat. Bei älteren und Industrienähmaschinen lässt sich in der Regel auch die Unterfadenspannung am Spulengehäuse einstellen. Dort befindet sich eine kleine Schraube, die man mithilfe eines Schlitzschraubendrehers vorsichtig fester oder lockerer dreht.

Einfädeln

Probenaht

1 NÄHMASCHINENNADELN
2 ZWILLINGSNADEL
3 SCHRAUBENDREHER
4 PINSEL
5 KNOPFLOCHFUSS
6 KANTENNÄHFUSS
7 GERADSTICHFUSS
8 REISSVERSCHLUSSFUSS
9 NAHTTRENNER
10–12 UNTERFADENSPULEN

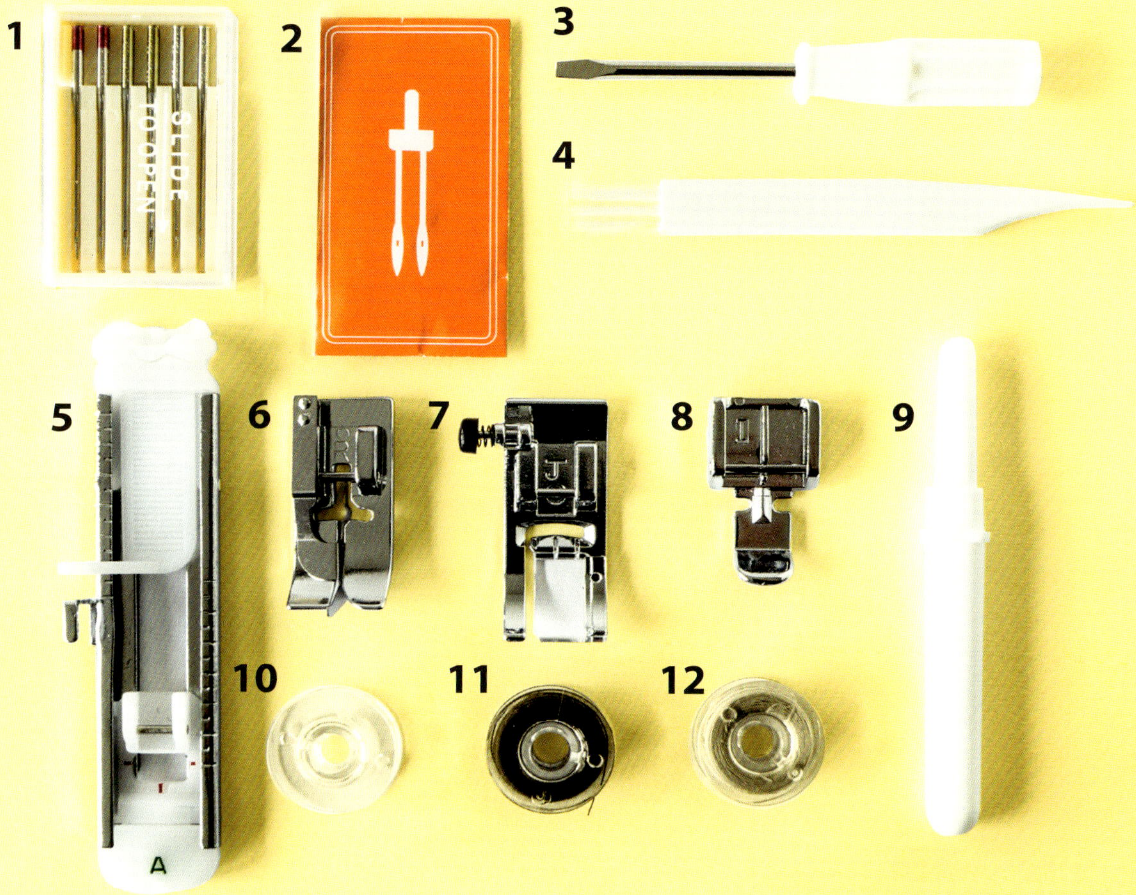

TIPP

Wenn du begeistert bist vom Nähen, dann solltest du zu einer wirklich guten Nähmaschine greifen, denn diese sind robust und langlebig. Für allererste Versuche reicht selbstverständlich ein altes oder geliehenes Modell.

NÄHMASCHINE

Grundsätzlich gilt: Überlege, was deine Nähmaschine können sollte: Sollte sie sich nur für einfache Näharbeiten wie Steppen, Säumen und Reparaturarbeiten eignen oder willst du auch sticken oder patchworken? Lass dich im Fachhandel beraten und teste dort verschiedene Modelle. Beim Probenähen findest du schnell heraus, welcher Typ Nähmaschine dir am besten zusagt. Die wichtigsten Funktionen, die du an jeder Nähmaschine finden kannst, werden dir in dieser Übersicht vorgestellt. Du wirst immer wieder damit arbeiten.

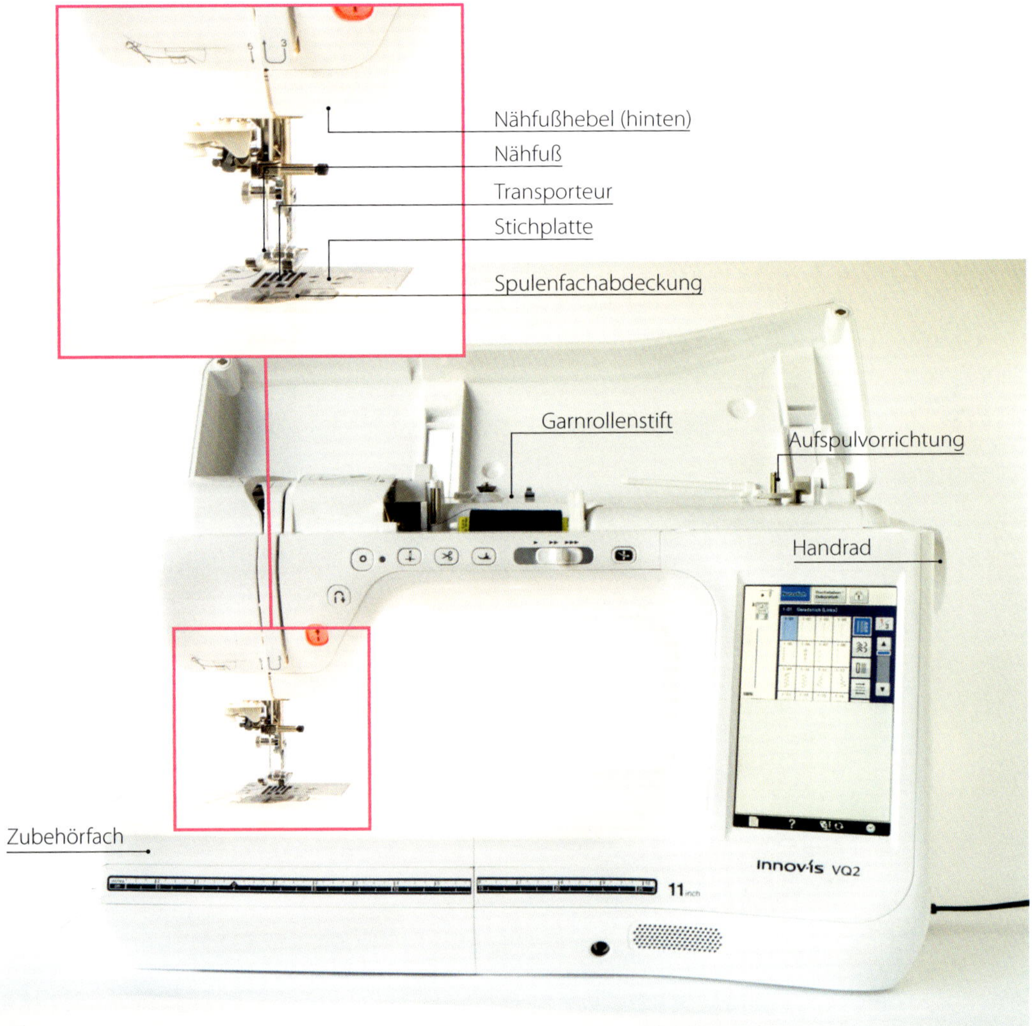

NÄHEN VON HAND

NÄHGARN UND NÄHNADEL

Um einen Knopf anzunähen, benötigst du eine Nähnadel und einen Nähfaden. Am besten eignen sich dazu lange dünne Nadeln (z. B. Länge 8, extradünn), weil diese leicht durch den Stoff gleiten. Der Faden zum Knopfannähen kann, wie weiter vorne auf Seite 12 bereits beschrieben, ein Allesnäher aus Polyester sein.

EINFÄDELN

Wenn man den Faden doppelt verwenden möchte (z. B. zum Knopfannähen), kann man so vorgehen: Das Garn doppelt nehmen, Fadenschlinge durchs Nadelöhr schieben, die Fadenenden durch die Schlinge ziehen und diese dicht am Nadelöhr festziehen. An den Enden kann der Faden verknotet werden. Dann verdreht sich der Faden nicht so leicht.

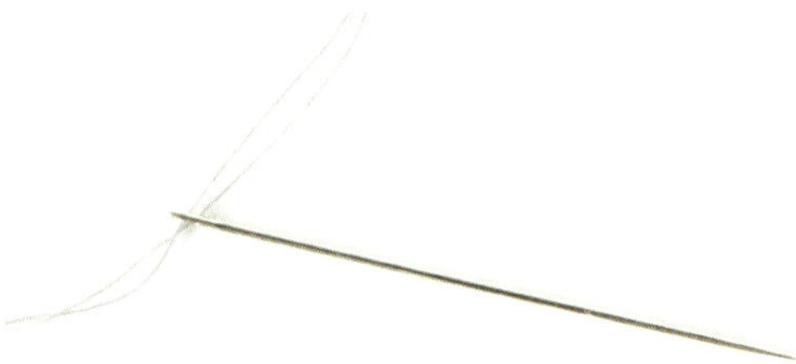

Nähgarn und Nähnadel

Einfädeln

TIPP

Das Einfädeln will nicht klappen? Probiere es mit Anfeuchten des Fadenendes. Immer noch nicht? Lege eine enge, straffe Schlinge um den Schaft der Nadel herum und führe die Schlinge anstelle des geschnittenen Fadenendes durchs Öhr.

UNSICHTBARER SAUMSTICH

Wenn du bei Business-Kleidung Hose oder Rock kürzen möchtest, solltest du die Säume von Hand nähen – auf der Außenseite darf keine Naht zu sehen sein. Auch das Druck- oder Webmuster eines schönen Stoffs sollte nicht durch eine Steppnaht unterbrochen werden.

Allerdings: Bei sportiven Hosen oder Röcken kannst du die Säume ohne Weiteres mit der Nähmaschine steppen. In dem Fall empfiehlt es sich sogar, weil es einfach besser zum Stil passt. Mehr dazu findest du auf Seite 39.

1. Garn einfädeln und Saum stecken

Fädle ein Stück Garn (nicht zu lang!) in die Nadel ein, mache an einem Ende einen Knoten, um das Fadenende zu sichern. Bügle den Saum um und stecke ihn fest. Eine übliche Saumbreite beträgt z. B. 3–4 cm.

2. Den ersten Stich machen

Halte das Teil so, dass die Bruchkante des Saums nach oben und der Saum nach vorne zeigt. Klappe den Saum nach hinten, sodass die Innenseite des Saums und die versäuberte Saumkante etwa 1 cm oberhalb der Faltkante sichtbar ist, und stich in die überstehende Kante mit einem Querstich ein.

3. Saum festnähen

Stich schräg nach unten in den äußeren Saumbereich, nimm dort 1–2 Gewebefäden auf, stich dann wieder schräg nach oben zur Bruchkante, nimm dort 2–3 Gewebefäden auf. Führe die Nadel auf diese Weise immer abwechselnd von der umgeschlagenen Saumkante zum äußeren Saumbereich und umgekehrt.

4. Faden zum Schluss sichern

Sichere den Saum während des Nähens in regelmäßigen Abständen mit einem Rückstich in der umgeschlagenen Saumkante. Vernähe den Faden zum Schluss in der Saumkante mit Rückstichen.

WIE NÄHE ICH EINEN KNOPF PERFEKT AN?

Kennst du das? Gerade willst du aus dem Haus gehen, da bemerkst du, dass sich ein Knopf von der Kleidung gelöst hat oder nur noch an einem seidenen Fädchen hängt. Die folgenden Schritte zeigen, wie du Knöpfe annähst, damit sie ordentlich verarbeitet aussehen und ebenso gut halten.

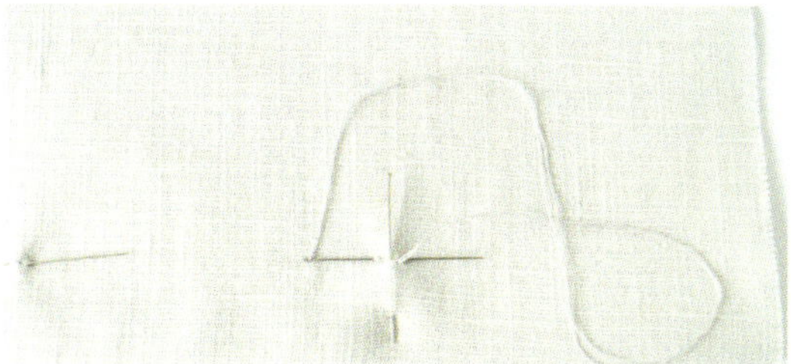

1

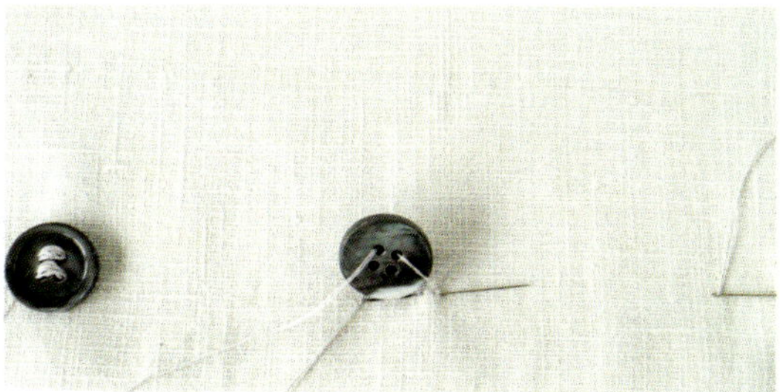

2

3

4

1. Position für den Knopf festlegen

Markiere zunächst mit Stecknadeln die Stelle, an der der Knopf sitzen soll. Fädle das Garn in die Nadel ein und verknote die Enden miteinander, sodass der Faden doppelt liegt. Stich knapp neben der Markierung auf der Oberseite ein, dann quer durch beide Stofflagen und knapp daneben wieder aus.

2. Knopf annähen

Nimm den Knopf und führe die Nadel von unten durch die Lochung oder die Öse, stich dann durch die nächste Lochung wieder nach unten durch die beiden Stofflagen, ziehe dabei den Faden nicht zu fest an, sondern lass etwa 0,5 cm Abstand zum Stoff.

3. Steg unter dem Knopf umwickeln

Wiederhole diesen Vorgang bis zu sieben Mal. Stich dann wieder nach unten aus dem Knopf aus, wickle den Faden direkt unterhalb des Knopfs um den ganzen Fadensteg, bis der Knopf fest sitzt.

4. Faden vernähen

Sichere den Faden auf der Rückseite im Stoff mit einigen kurzen Rückstichen, so hält der Knopf perfekt! Durch den Abstand zwischen Knopf und Stoff hat die Leiste mit dem Knopfloch genügend Platz.

Wenn du Knöpfe nach dieser Methode annähst, sitzt das Kleidungsstück in geschlossenem Zustand perfekt. Entscheidend, gerade bei dickeren Stoffen, ist der Knopfsteg, denn ohne diesen wellt sich die Verschlussleiste, wenn die Knöpfe geschlossen sind. Und zudem entsteht auf der Rückseite der Knopfleiste kein Fadengewirr. Auch Knöpfe ohne Lochung werden mit einem Steg festgenäht, außer sie haben eine große Öse.

Knopf mit Öse: „Abstandshalter" zum Stoff

Vier-Loch-Knopf

Zwei-Loch-Knopf

Knopf ohne Lochung, mit Öse

RÜCKSTICH

Den Rückstich verwendest du z. B., um kleine Nähte von Hand zu schließen oder schnell eine geplatzte Naht zu reparieren. Fädle das Garn doppelt ein und verknote die Fadenenden. Stich etwa 2 cm überlappend zur vorhandenen Naht ein und führe die Nadel durch die zwei Stofflagen nach unten, stich nach etwa 1 cm wieder nach oben aus, führe die Nadel etwa 0,5 cm zurück, stich nach unten, dann wieder nach 1 cm nach oben. Wiederhole diese Stiche, bis die Naht geschlossen ist. Sichere den Faden am Ende durch zwei kleine Stiche.

TIPP

Den Rückstich kann man auch gut als Zierstich einsetzen. Verwende kontrastfarbiges Knopflochgarn und nähe damit von rechts Zierlinien mit großen Stichen, z. B. auf ein Kissen.

MATRATZENSTICH

Mit dem Matratzenstich kann man zwei Bruchkanten schließen, wie die Öffnung eines Füllkissens. Dieser Stich ist fast unsichtbar. Verwende den Faden wieder doppelt und sichere den Knoten innen in der Bruchkante. Stich dort mit der Nadel aus und an der gegenüberliegenden Bruchkante wieder ein und schiebe die Nadel etwa 0,5 cm durch die Bruchkante. Führe die Nadel auf diese Weise von einer Kante zur nächsten und immer etwa 0,5 cm durch die Bruchkante. Wiederhole die Stiche, bis die Naht geschlossen ist. Vernähe den Faden sorgfältig.

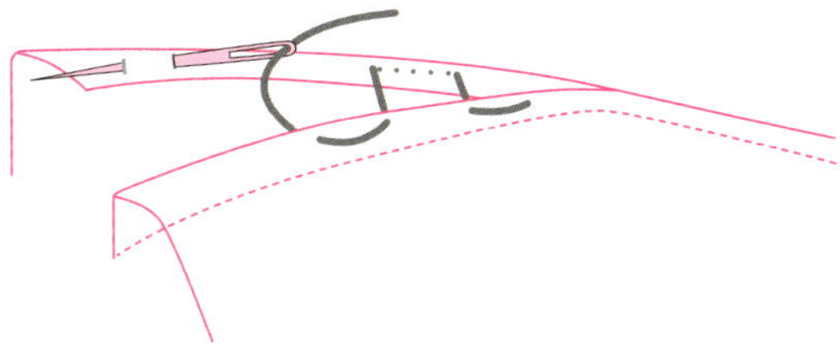

Rückstich

Matratzenstich

AMANN
1000m
120

„KREATIVITÄT IST NICHT
DAS ERZEUGEN VON DINGEN.
KREATIVITÄT BESCHREIBT
EINEN OFFENEN GEIST, DER
DAS VORHANDENE SIEHT UND
ETWAS NEUES DARAUS
ENTSTEHEN LÄSST."

KNOPFSCHLINGE

Knopfschlingen brauchen etwas Zeit, um geknüpft zu werden. Aber es ist die Mühe auf jeden Fall wert, denn du wirst mit einem schönen Ergebnis belohnt: Die handgenähten zierlichen Schlingen verleihen vor allem Oberteilen und Kleidern eine edle, elegante Ausstrahlung.

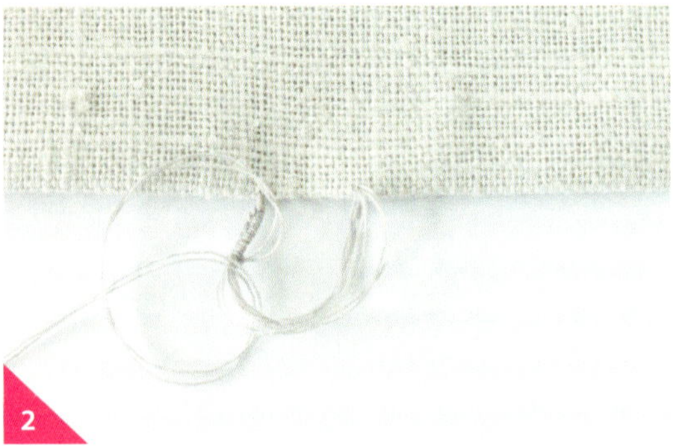

1. Fadensteg nähen

Markiere die Position der Schlinge. Faden doppelt nehmen und Knoten im Stoff verankern. An einer der Markierungen ausstechen, eine Schlinge legen, an der zweiten Markierung einstechen und die Nadel durch die Bruchkante führen. Mit gleichem Abstand etwa vier Schlingen nähen.

2. Fadensteg umschlingen

Nun den Fadensteg fortlaufend (mit demselben Faden) mit Knopflochstichen umschlingen: Dazu den Faden so von unten nach oben führen, dass sich eine Schlaufe bildet, dann die Nadel durch die Schlaufe führen und den Faden fest anziehen. Die Stiche mit Knötchen müssen dicht an dicht sitzen.

3. Faden verankern

Sichere zum Schluss den Faden auf der Rückseite der Verschlussleiste durch zwei kleine Stiche.

DRUCKKNÖPFE ANNÄHEN

Druckknöpfe bestehen aus zwei Teilen: einem stärkeren Oberteil mit einer mittigen Vertiefung (mit Feder) sowie einem Unterteil mit einem mittigen Stift, der in die Vertiefung des Oberteils eingeknipst wird. Jedes dieser Teile hat mehrere Aussparungen zum Annähen. Hier im Beispiel werden zwei Druckknöpfe befestigt. Am wichtigsten dabei ist es, die Teile von der richtigen Seite zu verwenden.

1

2

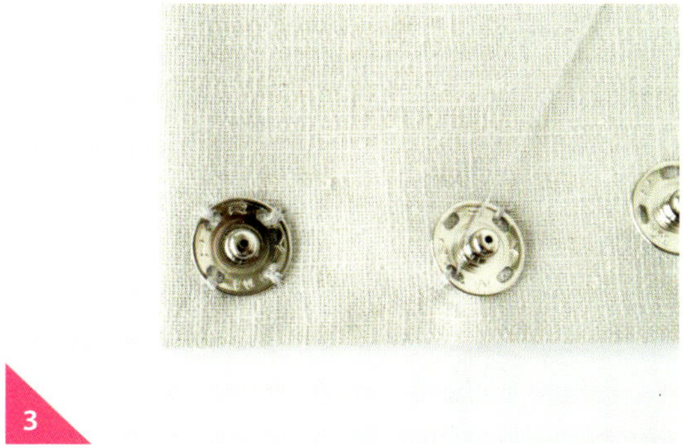
3

4

1. Beide Seiten mit je drei Stichen fixieren

Platziere zuerst das Unterteil auf dem Stoff und nähe es an einer der Aussparungen mit drei kurzen Stichen (über den Knopfrand) durch beide Stofflagen fest. Nähe dann das Unterteil an der gegenüberliegenden Aussparung auf dieselbe Weise fest.

2. Unterteil durch alle Aussparungen festnähen

Nähe das Unterteil anschließend an den restlichen Aussparungen mit kurzen Stichen fest.

3. Mit dem Gegenstück genauso verfahren

Platziere das Oberteil in der richtigen Position (die Vertiefung zeigt nach unten) und nähe es wie das Unterteil an den Aussparungen mit kurzen Stichen über den Druckknopfrand fest. Vernähe den Faden auf der Unterseite.

4. So sieht's aus

Voilà, Druckknöpfe fertig zum Gebrauch.

HAKEN UND ÖSEN ANNÄHEN

Haken und Ösen werden ganz ähnlich wie Druckknöpfe angenäht. Haken und Ösen als Verschlussvariante sind etwas zierlicher als Druckknöpfe und auf der Vorderseite des Kleidungsstücks kaum zu sehen. Allerdings halten Haken und Ösen weniger gut als Druckknöpfe und werden meist nur ergänzend verwendet, etwa um ein Reißverschlussende am Bund zu sichern.

1

2

3

4

1. Öse platzieren und annähen

Platziere die Öse an der gewünschten Stelle, nähe sie zunächst durch einen der kleinen Ringe, dann durch den zweiten, mit mehreren Überwendlingsstichen (über den Ring) fest. Vernähe den Faden auf der Rückseite.

2. Haken ebenso platzieren und festnähen

Markiere die Position des Hakens, platziere diesen auf dem Stoff und nähe ihn wie die Öse auch jeweils an den kleinen Ringen rechts und links von der Mitte fest. Führe den Faden dabei ebenfalls stets über den Ring.

3. Haken und Öse fixieren

Um zu verhindern, dass Haken und Ösen sich bewegen, kann jeweils der obere Rand des kleinen Rings und die Mitte des Hakens ebenfalls mit einigen Stichen befestigt werden, die quer über Haken und Öse genäht werden.

4. Faden verankern

Vernähe den Faden zum Schluss sorgfältig auf der Rückseite mit einigen kleinen Stichen.

HANDGENÄHTES KNOPFLOCH

Normalerweise näht die Nähmaschine das Knopfloch, der Vollständigkeit halber werden hier die Arbeitsschritte vorgestellt. Vielleicht hast du ja Lust, einmal ein Knopfloch von Hand auszuprobieren. Alles eine Frage der Übung: Je mehr du davon nähst, desto schöner werden sie.

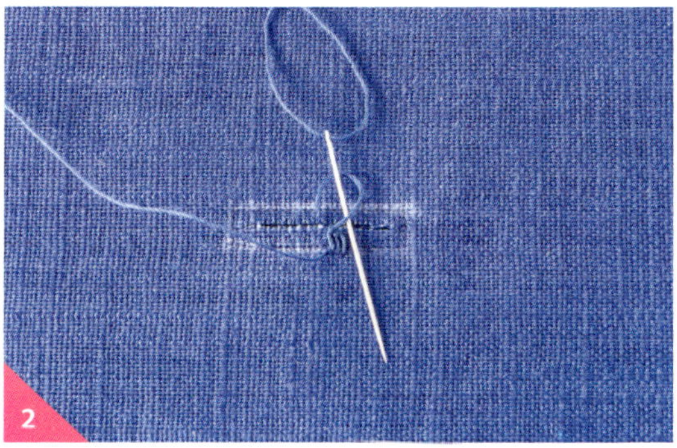

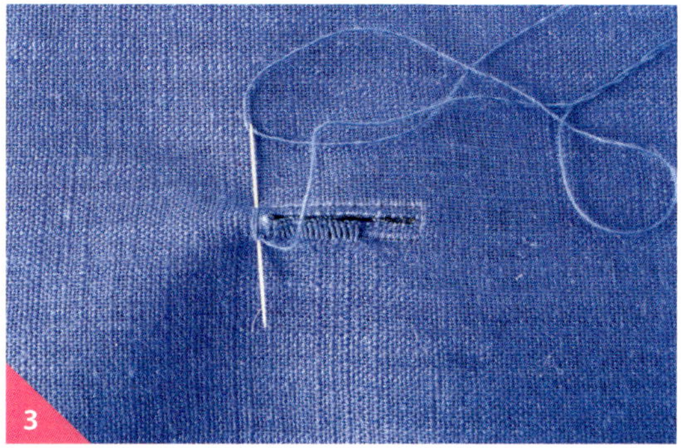

1. Knopfloch markieren und vornähen

Markiere die Größe und Position des Knopflochs mit Kreide, steppe die Konturen dann mit der Nähmaschine (kleinen Stich einstellen), sodass es umgrenzt ist.

2. Knopfloch einschneiden und Kanten umschlingen

Schneide das Knopfloch mit einer spitzen Schere vorsichtig der Länge nach ein. Fädele Knopflochgarn ein und umschlinge die Schnittkanten, indem du einen Überwendlingsstich nähst, den Faden dabei zur Schlinge legst und ihn durch diese hindurchziehst.

3. Knopfloch ringsum umschlingen

Setze die Stiche dicht an dicht, ziehe den Faden fest an, damit sich die entstandenen Knötchen an der Kante gleichmäßig aneinanderreihen. Anfang und Ende mit einigen Querstichen sichern, die genauso umschlungen werden.

4. Übung macht den Meister

Es gehört viel, viel Übung dazu, ein gleichmäßiges Knopfloch zu nähen. Nicht aufgeben, wenn die ersten Versuche nicht gleich das gewünschte Ergebnis bringen.

NÄHEN MIT DER NÄHMASCHINE

BEGRIFFE

„Steppe **füßchenbreit**" bedeutet, die Stoffkanten liegen bündig mit der rechten Nähfußkante. „Steppe **knappkantig** ab" bedeutet, dicht (1–2 mm) neben der Naht oder Kante nähen. „Nähe mit einer **(Naht-)Breite** von 2 cm" bedeutet, in dieser Breite von der Kante entfernt steppen. „**Versäubere** die Kanten" meint, mit Zickzackstichen dicht an den Schnittkanten entlangnähen.

Einfacher Steppstich

NÄHGARN

Verwende einen Allesnäher aus Polyester. Mit der Garnstärke 120 kann man (fast) alle Stoffarten nähen. Wähle eine zum Stoff passende Garnfarbe. Das Garn sollte nicht zu dunkel sein, im Zweifelsfall lieber das hellere wählen. Bei gemusterten Stoffen ist es ratsam, die Garnfarbe auf den Grundton des Gewebes abzustimmen.

Versäubern mit Zickzackstich

NÄHTE ALLGEMEIN

In der Regel werden Nähte mit einer Breite von 0,7–1 cm gesteppt. Bei Seitennähten oder Nähten in der vorderen und rückwärtigen Mitte kann man 1,5–2 cm breit nähen, um eine Zugabe für Änderungen zu haben. Gerundete Verbindungsnähte sollten nicht breiter als 2 cm sein, da sich sonst außen am Kleidungsstück Zugfalten bilden.

Elastikstich für dehnbare Stoffe

DIE WICHTIGSTEN STICHE

Am wichtigsten ist der einfache **Steppstich**. Die Stichlänge sollte 2–2,5 mm betragen. Vernähe jede Naht sorgfältig. Nähe dafür am Anfang und Ende ein paar Stiche mit der Rückwärtsfunktion der Nähmaschine zurück. Versäubere die Kanten anschließend mit einem **Zickzackstich** und achte darauf, dass die Schnittkanten aller Stoffteile davon umfasst werden. Für dehnbare Stoffe wie Jersey kannst du den **Elastikstich** verwenden.

KNOPFLOCH

Deine Nähmaschine macht das Knopfloch, und das fast selbstständig! Du musst nur der Bedienungsanleitung folgen. Der **Knopflochfuß** ist leicht zu erkennen, er ist länger als die anderen Nähfüßchen. Markiere die Stelle, an der das Knopfloch sitzen soll, und achte darauf, den Knopflochfuß exakt an der Markierung aufzusetzen, wenn du mit dem Nähen beginnst.

Knopflöcher nähen ist einfach – mit dem Knopflochfuß

NÄHTECHNIKEN

EINFACHE NAHT

Bei einer einfachen Naht legst du die zwei Stoffteile, die verbunden werden sollen, rechts auf rechts (rechte Stoffseite ist die Außenseite, linke Stoffseite ist die Rückseite eines textilen Materials). Lege die Stoffkanten genau bündig aufeinander, stecke oder hefte die Teile und steppe dann die Naht in der vorgesehenen Breite. Nähe dabei am Anfang und Ende jeweils ein paar Stiche zurück (das heißt im Fachjargon auch „vernähen", „Naht sichern" oder „Naht verriegeln").

TIPP

Wenn du Kanten mit Zickzackstichen versäuberst, kann es sein, dass sich der Stoff ziemlich wellt, vor allem bei Kanten im schrägen Fadenlauf (wie bei Glockenröcken) und bei dehnbaren Stoffen. Da hilft nur eines: Die Wellen schön flach bügeln!

UNTERSCHIEDLICHE STICHLÄNGEN

Die normale Stichlänge für eine einfache Naht lässt sich am entsprechenden Nähmaschinenregler einstellen, sie liegt bei 2–3. Wird eine größere Stichlänge gewählt, sind die Nähte weniger haltbar, sie ziehen sich auseinander. Für bestimmte Verarbeitungsmethoden braucht man jedoch einen solch lockeren Stich, und zwar wenn man ein Stoffteil wie einen Ärmel an der Armkugel einkräuseln möchte. Dann wählt man die größtmögliche Stichlänge und lässt am Anfang und am Ende die Fäden hängen, ohne sie zu vernähen. Zum Versäubern mit Zickzackstichen reicht eine Stichlänge von 2–3 und eine Stichbreite (auch sie lässt sich einstellen!) von 4–5.

Die größte Stichlänge, meist 5 mm, kann man auch zum provisorischen Heften verwenden, die 3er-Länge kann für Nähte bei etwas gröber gewebten Stoffen verwendet werden, die mittlere (2,5 mm) ist für Allround- und Standardnähte, eine kleinere Einstellung für gerundete und eckige Partien, z. B. wenn eine Spitze abgesichert werden soll, die anschließend eingeschnitten wird, und die kürzeste Stichlänge kann zum Absichern von Schnittkanten verwendet werden, wenn sich der Stoff mit Zickzackstichen nicht versäubern lässt.

ECKEN UND RUNDUNGEN NÄHEN

Ecken und Rundungen können auf ganz unterschiedliche Weise genäht werden, wie unten erklärt. Beim Nähen um die Ecke stellst du das Nähfüßchen hoch, wohingegen du das beim Nähen von Rundungen unbedingt vermeiden solltest.

1

2

3

4

1. Ecke nähen (linke Stoffseite)

Steppe bis zum markierten Eckpunkt, lass die Nadel im Stoff stecken und stelle das Nähfüßchen mithilfe des Hebels hoch. Drehe dann den Stoff um die Ecke, also im rechten Winkel zur ersten Naht, und steppe weiter. Schneide die Nahtzugaben an der Ecke schräg ab, aber Vorsicht – nicht zu nah an die Naht heranschneiden!

2. Ecke nähen (rechte Stoffseite)

Wende das Stoffteil nach rechts und stülpe die Ecke heraus – dazu jedoch nichts Spitzes verwenden. Bügle die Kanten sorgfältig.

3. Rundung nähen (linke Stoffseite)

Die Nahtzugabe darf dafür nicht zu breit sein (0,7–1 cm). Lege die Teile an den Kanten aufeinander, stecke oder hefte sie. Stelle einen kleinen Stich ein und nähe nur kurze Strecken, das Nähfüßchen soll parallel zu den Stoffkanten laufen. Nähe langsam (oder schrittweise) und führe den Stoff so, dass sich die Nahtzugabe nicht wellt.

4. Rundung nähen (rechte Stoffseite)

Schneide die Nahtzugaben stufenweise zurück und wende das Stoffteil. Naht und Nahtzugaben liegen innen. Bügle die Kanten.

FRANZÖSISCHE NAHT

Wie der Name schon vermuten lässt, kommt diese Naht aus der Haute Couture. In ihren Anfängen standen Versäuberungsmöglichkeiten wie Zickzack- oder Overlock-Stiche noch nicht zur Verfügung. Die französische Naht eignet sich hervorragend für Blusen, Kleider und Röcke aus leichten Stoffen wie Baumwollbatist, Viskose und Viskosemischungen und für viele Seidenarten. Eine französische Naht ist zwar aufwendiger zu nähen als eine einfache, sorgt aber an Kleidungsstücken ohne Futter für ein hübsches Innenleben.

1. Teile links auf links stecken und nähen

Lege die Stoffteile links auf links, stecke oder hefte sie und steppe sie dann mit einer Nahtbreite von 0,75 cm zusammen. Sichere die Naht an Anfang und Ende.

2. Nahtzugaben auseinanderbügeln

Bügle anschließend die Nahtzugaben auseinander.

3. Zweite Naht steppen

Falte die Teile so an der Nahtkante zusammen, dass die rechten Stoffseiten aufeinanderliegen, stecke oder hefte die Kante. Steppe dann eine zweite Naht mit einer Breite von 1 cm. Durch die breitere Naht wird die erste eingeschlossen und die Nahtzugaben liegen verdeckt.

4. Fertige Naht auf der rechten Stoffseite

Bügle die Naht von links zu einer Seite um. So sieht die französische Naht von der rechten Seite aus.

KAPPNAHT

Die Kappnaht ist wie die französische Naht eine Doppelnaht ohne offene Schnittkanten. Durch die sichtbaren parallelen Stepplinien wirkt die Kappnaht im Vergleich zur französischen Naht etwas funktioneller. Sie hat den Vorteil, dass sie flach ist und sich gut für sportliche Looks eignet. Auch die Kappnaht sorgt für ein schönes Innenleben ohne Futter.

1. Teile links auf links stecken und nähen

Lege die Teile links auf links, dabei sollte die untere Kante 1 cm überstehen, und stecke sie fest. Steppe eine Naht mit einer Breite von 1,5 cm, ausgehend von der unteren Schnittkante (somit hat das obere Teil eine Nahtbreite von nur 0,5 cm).

2. Nahtzugaben auseinanderbügeln

Bügle anschließend die Naht auseinander, es gibt nun eine schmale und eine breite Nahtzugabe.

3. Schnittkanten umbügeln

Falte dann die untere, breite Zugabe zur Naht hin (die Schnittkante liegt dann genau an der Naht) und bügle sie fortlaufend und möglichst gleichmäßig in den Bruch.

4. Bügelkante über Nahtzugabe klappen

Klappe dann diese gebügelte Bruchkante über die schmale Nahtzugabe zur Seite und bügle noch einmal sorgfältig den gesamten Umbruch.

5. Bruchkante knappkantig absteppen

Stecke oder hefte zum Schluss die umgeklappte Bruchkante und steppe sie knappkantig fest.

KUVERT- ODER BRIEFECKE

Kuvertecken bieten sich z. B. an für Tischdecken, Tischsets, Servietten oder, wenn man Kleidungsstücke hochwertig verarbeiten möchte, für Schlitzecken an Ärmeln oder Röcken. Eine wichtige Voraussetzung für diese Verarbeitungsmethode ist, dass beide Saumkanten gleich breit sind. Tischwäsche ist leicht zu nähen, sieht mit den Kuvertecken perfekt aus und eignet sich wunderbar als Geschenk.

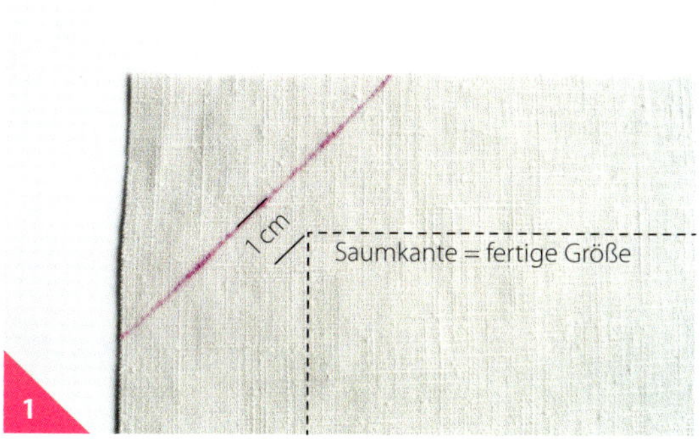

1. **Ecke mithilfe der Vorlage anzeichnen**

Schneide für deine Tischdecke oder das gewünschte Teil ein Rechteck oder Quadrat zu, inkl. Saumzugabe. Zeichne an den Ecken jeweils eine Linie im 45°-Winkel mit 1 cm Abstand zur Saumkante auf.

2. **Ecke abschneiden**

Schneide die Ecke exakt ab. Versäubere ringsum die Schnittkanten, sie bleiben auf der Rückseite sichtbar. (Hier im Beispiel bleiben sie offen.) Die geraden Kanten kannst du auch einschlagen, säumen oder feststeppen.

3. **Ecknaht nähen**

Lege den Stoff an der abgeschrägten Kante rechts auf rechts, falte ihn dabei diagonal zur Mitte und steppe eine 1 cm breite Naht. Anfang und Ende der Naht sicherst du mit Rückstichen.

4. **Naht glatt streichen**

Streiche dann die Naht mit dem Daumennagel auseinander und klappe das Nahtende zu einem Hütchen um. Schneide die Spitze bitte nicht ab, da das Hütchen die Ecke verstärkt.

5

5. Kuvertecke wenden

Stülpe die Kuvertecke zur rechten Seite um, bügle die Naht und dann fortlaufend die Kanten um. Achte darauf, dass die Saumkanten gleichmäßig breit sind. Hier im Beispiel hat die Kuvertecke offene Kanten. Diese können bereits zuvor gesäumt werden (siehe Schritt 2).

VORSICHT

Steppe jede Ecke mit derselben Nahtbreite, sonst wird das Teil asymmetrisch.

TIPP

Ganz gleich, ob Tischdecke, Sets oder Servietten – die Briefecken kannst du auf alle Teile anwenden. Fertige sie wie beschrieben, allerdings mit Saum. Bügle dazu, bevor du die Ecknaht steppst, die geraden, offenen Kanten 1 cm breit zur linken Seite um. Wende die Kuvertecke nach rechts, bügle die Naht aus und fortlaufend den Saum um, er muss an allen Seiten gleich breit sein. Steppe zum Schluss dann den Saum von links knappkantig fest.

ABNÄHER

Ein Abnäher wird keilförmig abgenäht, um eine bessere Passform zu erzielen. Der Inhalt des Abnähers bleibt in den meisten Fällen erhalten, bei dicken Stoffen wird er aufgeschnitten. Abnäher können an verschiedenen Positionen sitzen, wie etwa an Brust, Taille oder Schulter.

Beim geraden Rock sind je zwei Abnäher an Vorder- und Rückteil unverzichtbar. Die Differenz zwischen Hüfte und Taille kann nicht allein an der Seitennaht weggenommen werden. Die Abnäher gleichen diese Differenz gleichmäßig verteilt ringsum aus.

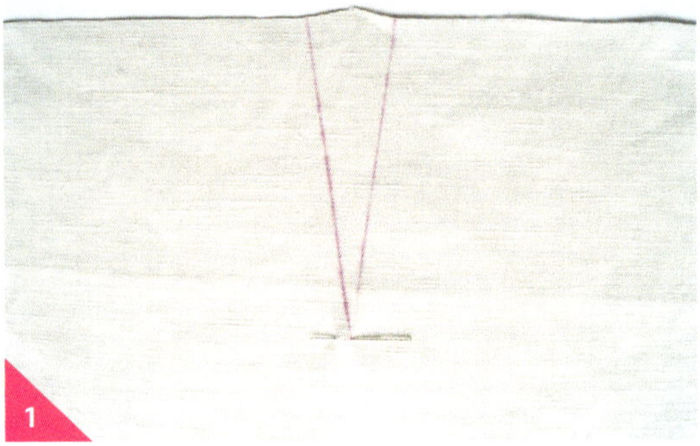

1. Abnäher auf den Stoff übertragen

Übertrage alle Abnäher vom Schnitt auf die linke Seite der Stoffteile: Schneide dazu den Abnäher des Papierschnitts einseitig bis zur Spitze ein, klappe ihn zurück und zeichne ihn mit Schneiderkreide auf die Stoffteile.

2. Abnäher falten und stecken

Falte den Abnäher längs zur Hälfte und stecke ihn an der Kreidelinie fest. Achte darauf, dass die markierten Nahtlinien beim Feststecken exakt übereinstimmen.

3. Abnäher steppen

Steppe den Abnäher von oben nach unten. Sichere ihn an Anfang und Ende mit einigen Stichen. Bei dünneren Stoffen ist es ratsam, das Ende nicht zu vernähen, sondern die Enden des Nähfadens zu verknoten.

4. Abnäher umbügeln

Bügle den Abnäher flach, und dann, je nach Modell, jeweils zur vorderen oder rückwärtigen Mitte bzw. Richtung Ober- oder Unterkante des Teils um.

EINFACHER UND DOPPELTER SAUM

Sehr leicht zu nähen sind der einfache und der doppelt eingeschlagene Saum. Beide werden häufig eingesetzt, vor allem bei Hosenbeinen, aber auch bei Röcken.

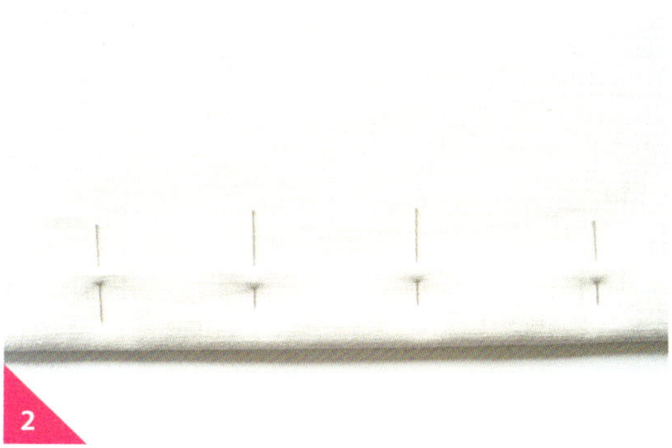

1. **Nahtzugabe nach innen bügeln**

Hosen im sportlichen Look oder Jeans können doppelt gesäumt werden. Lege die Nahtzugabe (üblicherweise 3–4 cm) und die fertige Saumbreite fest. Bügle die Kanten zunächst 1 cm breit zur linken Stoffseite um.

2. **Kante noch einmal umschlagen und stecken**

Schlage dann die Bruchkante erneut nach innen um (beachte die restliche Nahtzugabe, der Saum muss nun die fertige Länge haben), stecke den Saum und steppe ihn knappkantig fest.

Beim Zuschnitt muss die Saumzugabe stets hinzugefügt werden, außer man hat einen Fertigschnitt. Bei diesem sind Naht- und Saumzugaben meist schon enthalten.

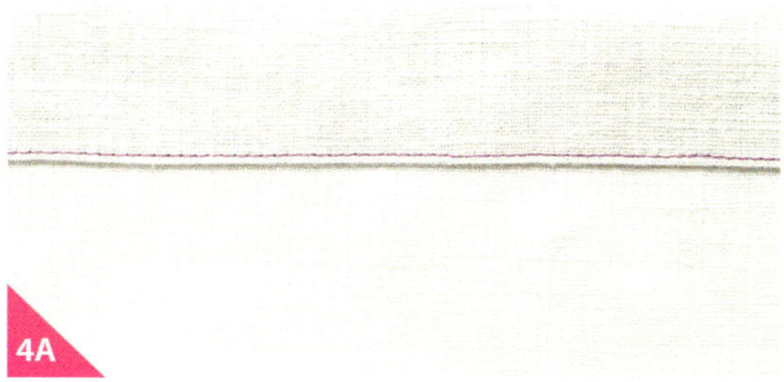

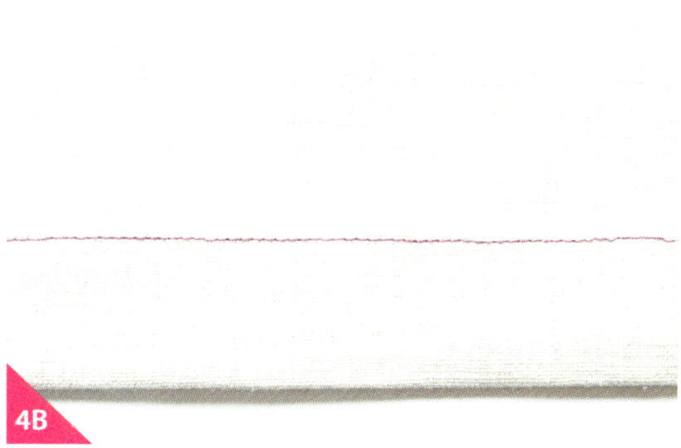

3. **Einfachen Saum nähen**

Wenn du den Saum nur einfach umschlagen willst, versäubere vorher die Schnittkanten, bügle und stecke dann den Saum um und nähe die Kante ebenfalls von der linken Seite fest. Sichere Anfang und Ende mit einigen Rückstichen.

4. **Der Saum ist fertig**

Auf der linken Seite sieht man die knappkantig abgesteppte Bruchkante, auf der rechten Stoffseite sieht man nur die Steppnaht des maschinengenähten Saums.

REISSVERSCHLUSS VERDECKT EINNÄHEN

Es gibt unterschiedliche Möglichkeiten einen Reißverschluss einzunähen. Eine einfache, klassische Variante stellt der verdeckte Reißverschluss dar, der sich z. B. für sportliche Röcke, Kissenbezüge und Taschen eignet. Aus dem Standardzubehör deiner Nähmaschine benötigst du dazu einen Reißverschlussfuß. Für die üblichen Rockschnitte sollte der Reißverschluss eine Länge von 20 cm haben. Er wird in der Regel in die hintere Mitte eines Rocks eingesetzt, manchmal auch an der Seite, in jedem Fall muss die Nahtzugabe mindestens 2 cm breit sein.

1. Teile rechts auf rechts legen und zusammennähen

Versäubere die Schnittkanten. Stecke die Teile an der rückwärtigen Mitte rechts auf rechts aufeinander. Markiere ab der oberen Kante die Reißverschlusslänge und steppe die Naht mit einer Breite von 2 cm von unten bis zur Markierung zu. Nahtanfang und -ende sichern. Bügle die Nahtzugaben auseinander und fortlaufend die Kanten um. Setze nun den Reißverschlussfuß ein.

2. Reißverschlussposition festlegen

Lege das rückwärtige (Rock-) Teil sowie den Reißverschluss mit der rechten Seite nach oben auf die Arbeitsfläche. Stecke den geöffneten Reißverschluss so unter die Bruchkante, dass die Reißverschlusszähnchen knapp (ca. 2 mm) verdeckt sind. Hefte oder stecke den Reißverschluss fest (in unserem Beispiel wurde der Reißverschluss nur gesteckt).

3. Reißverschluss feststeppen

Den Reißverschluss von oben beginnend mit einer Breite von ca. 0,5 cm an der linken Seite feststeppen.

4. Reißverschluss schließen

Ca. 5 cm vor dem Reißverschlussende die Nadel im Stoff stecken lassen, das Füßchen hochstellen und den Reißverschluss schließen.

5. **Reißverschluss weiter einnähen**

Senke den Nähfußhebel wieder und nähe weiter bis zum Ende des Reißverschlusses. Nähe bis zum flachen Ende, also etwas über die Zähnchen hinaus.

6. **Quernaht am Reißverschlussende nähen**

Lass die Nadel am Reißverschlussende im Stoff stecken, stelle das Nähfüßchen wieder hoch, drehe das Stoffteil im rechten Winkel und nähe langsam quer bis zur rückwärtigen Mittelnaht. Zähle dabei die Stiche und führe die Quernaht fort, indem du die gleiche Anzahl der Stiche auf dem anderen Teil nähst.

7. **Um die Ecke nähen**

Stelle das Füßchen wieder hoch, die Nadel bleibt im Stoff, drehe das Teil erneut im rechten Winkel und steppe an der gegenüberliegenden Reißverschlussseite etwa 5 cm nach oben.

8. **Reißverschluss an der anderen Kante feststeppen**

Lass nach dem kurzen Stück auf der zweiten Seite die Nadel wieder im Stoff stecken, damit das Teil nicht verrutschen kann. Stelle das Nähfüßchen hoch und öffne den Reißverschluss, sodass der Zipper unterhalb des Nähfüßchens sitzt und du weiternähen kannst.

9

10

9. Reißverschlussnaht am Ende sichern

Steppe gleichmäßig weiter bis zum oberen Ende des Reißverschlusses. Sichere das Nahtende, bügle das Ganze zum Schluss vorsichtig von der Rückseite, fertig!

10. Fertig eingenähter Reißverschluss

So sieht der verdeckt eingenähte Reißverschluss von der Rückseite der rückwärtigen (Rock-)Teile aus.

REISSVERSCHLUSS SICHTBAR EINNÄHEN

Ein sichtbar eingenähter Reißverschluss kann als dekoratives Element eingesetzt werden, wie etwa als Blickfang am Rückenteil eines Kleids oder als sportliches Detail am Vorderteil eines Blousons. Die Verarbeitungsmethode ist zwar anders als beim verdeckten Reißverschluss, aber nicht aufwendiger.

1. Reißverschluss feststecken

Bereite zunächst die Stoffteile wie für den verdeckten Reißverschluss vor, siehe Seite 40. Lege den Reißverschluss rechts auf rechts (mit der Vorderseite auf die Außenseite des Stoffs) an das linke Stoffteil, und zwar bündig, Kante an Kante. Stecke den Reißverschluss fest.

2. Linke Reißverschlusshälfte festnähen

Öffne den Reißverschluss und nähe mit dem Reißverschlussfuß so nah wie möglich an den Zähnchen entlang. Sichere den Nahtanfang durch einige Rückstiche.

3. Reißverschluss zuziehen

Steppe bis ca. 5 cm vor das Reißverschlussende, lass die Nadel im Stoff stecken, stelle das Nähfüßchen hoch und ziehe den Reißverschluss vorsichtig zu.

4. Weitersteppen bis zum Reißverschlussende

Steppe weiter bis zum unteren Reißverschlussende und sichere das Nahtende mit Rückstichen.

5. **Rechte Reißverschlusshälfte fixieren**

Lege die rechte Reißverschlusskante bündig an der gegenüberliegenden Stoffkante an, und nähe auf dieselbe Weise wie an der anderen Seite die ersten 5 cm fest.

6. **Rechte Reißverschlusshälfte festnähen**

Öffne den Reißverschluss. Notfalls kannst du auch auf dem geschlossenen Reißverschluss weiternähen, falls das Aufziehen zu schwierig ist. Sichere das Reißverschlussende durch Vernähen.

7. **Der fertig eingenähte Reißverschluss**

So sieht der sichtbar eingenähte Reißverschluss von der Rückseite des Kleidungsstücks aus.

TIPP

Diese Variante wird z. B. gerne bei Taschen und bei sportlichen Jacken eingesetzt. Achte beim Nähen darauf, dass die Reißverschlusszähnchen frei liegen, damit sich der Stoff beim Öffnen oder Schließen des Reißverschlusses nicht einklemmt.

NÄHTECHNIKEN FÜR BESONDERE STOFFE UND LEDER

ÜBER BESONDERE STOFFARTEN

Spezielle Stoffe wie Jersey oder Samt erfordern oft andere Zuschneide- und Verarbeitungstechniken sowie besonderes Zubehör, so gibt es z. B. für Jersey dehnbare Bügeleinlagen und auch dehnbare Futterstoffe. Am besten, du informierst dich schon beim Stoffeinkauf über die Möglichkeiten, dann sind auch solche Materialien problemlos zu verarbeiten.

JERSEY NÄHEN

Zum Nähen verwendest du am besten eine Jerseynadel, die eine feine Kugelspitze hat, damit die Maschen beim Steppen nicht verletzt werden. Falls deine Maschine keine Elastikstich-Funktion hat, verwende einen dichten, kurzen Zickzackstich. Achte darauf, dass sich die Nähte nicht ausdehnen. Die Kanten müssen nicht unbedingt versäubert werden, da Jersey in der Regel nicht ausfranst. Mit ein wenig Übung sind Jerseystoffe leicht zu verarbeiten.

SAMT NÄHEN

Samt hat hochstehende Fasern, den sogenannten Flor. In einer Längsrichtung (der weicheren, wenn man darüberstreicht) schimmert er heller, in der anderen (etwas fester) dunkler. Normalerweise wird Samt „gegen den Strich", also in der dunkleren Variante verarbeitet. Wegen des unterschiedlichen Aussehens müssen alle Teile in derselben Richtung zugeschnitten werden.

LEDER NÄHEN

Zum Nähen verwendest du am besten eine Ledernadel und möglichst einen Teflonfuß. Nur Ziegenvelours- und feines Nappaleder lassen sich gut mit der Haushaltsnähmaschine verarbeiten – für dickeres Leder braucht man eine Spezialnähmaschine. Berücksichtige, dass du Leder nicht auftrennen kannst, da die Einstichlöcher bestehen bleiben. Fertige vorher am besten ein Probeteil aus einem vergleichbaren Material an. Wenn das Probeteil passt, kannst du dich ans Leder wagen. Falls deine Maschine das Leder nicht ausreichend gut transportiert, kannst du zum Steppen einen Streifen Seidenpapier unterlegen. Das Papier lässt sich anschließend mühelos wieder entfernen.

GUT ZU WISSEN

Wenn du Leder zu einem Kleidungsstück verarbeiten möchtest, solltest du beim Zuschnitt berücksichtigen, dass man die Schnittteile mit Teilungsnähten versehen muss, weil die Lederhäute meist nicht für ein ganzes Teil ausreichen. Die Teilungsnähte können ins Design mit einbezogen werden und gleichzeitig als Zierlinien dienen.

Jersey

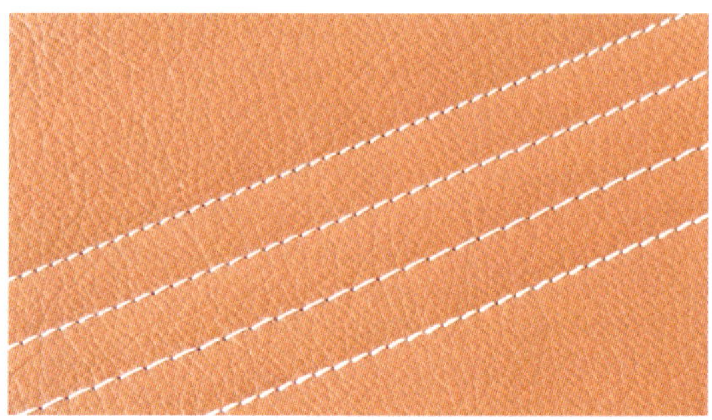

Leder

DEKORATIVE NÄHTECHNIKEN

DEKORATIVE NÄHSTICHE

Ob du die Zierstiche zum Verschönern einer Kante oder eines Saums benutzt, bleibt natürlich dir überlassen. Du könntest sie z. B. einsetzen, um den Saum einer Tischdecke mit einer Herzchenbordüre zu schmücken. Mit folgenden Maschinenstichen lassen sich deine Projekte verzieren: Zierstich, Doppelsteppstich, Kontrastnaht, knappkantige Naht, Zickzacknaht.

TIPP

Wenn du mit einer Nähmaschine arbeitest, die nicht mit ganz so vielen Zierstichen aufwarten kann, ist das wahrhaftig kein Manko. Auch mit Zwillingsnadel, Zickzackstich und Garnvarianten lassen sich tolle Muster und Verzierungen zaubern!

SCHNURSTEPPEREI

Mit dieser Ziertechnik lassen sich dekorative Muster legen. Es gibt sie in zwei Varianten: Bei der ersten wird die Schnur sichtbar auf der Oberseite geführt und mit Zickzackstichen umstochen und befestigt, siehe Abb. 1. Bei der zweiten Variante wird auf der linken Stoffseite mit der Zwillingsnadel eine doppelte Naht gesteppt. Die Schnur lässt man beim Steppen einfach mitlaufen, sie liegt in der Mitte. Auf der rechten Stoffseite ist sie nur als Wölbung zu sehen, siehe Abb. 2. Diese Ziertechnik wird gern bei Trachtenbekleidung eingesetzt.

Maschinenzierstiche

1

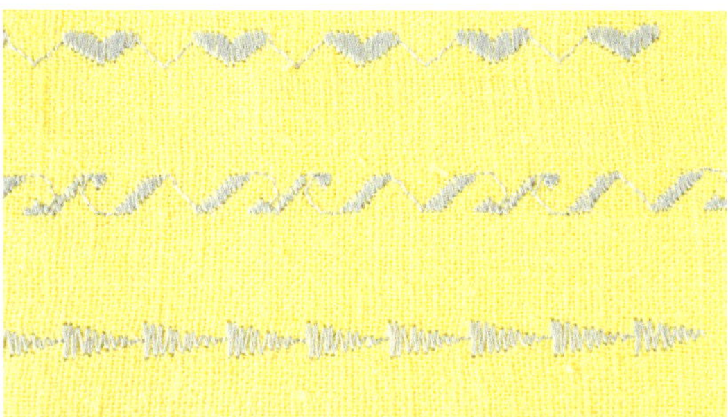

Maschinenzierstiche

2

EINREIHEN UND RÜSCHEN NÄHEN

Rüschen werden gerne als Saumabschluss für Röcke und Kleider verwendet. Auch Ärmelabschlüsse und Ausschnitte lassen sich so gut verschönern. Für eine Rüsche braucht man etwa die 1,7-fache Länge der Stoffkante, an die sie genäht werden soll. Am besten, du steckst zuerst zur Probe einen gerafften Stoffstreifen provisorisch an der Stoffkante fest, um die Länge festzulegen. Bei sehr feinen und leichten Materialien kann man sogar die doppelte bis dreifache Kantenlänge einplanen, bei festen und schweren Stoffen entsprechend weniger.

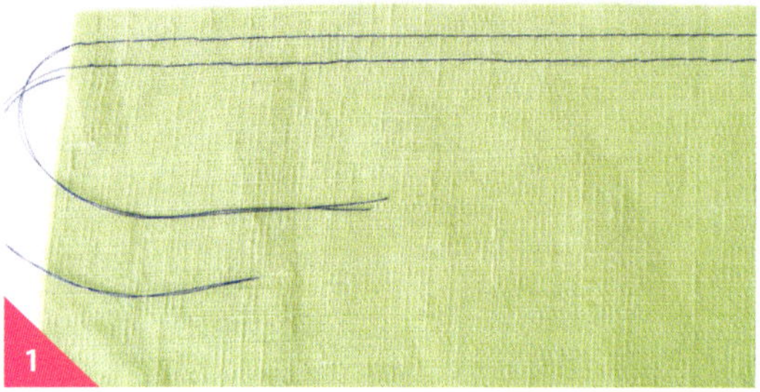

1. Rüsche zuschneiden und Kräuselnähte steppen

Schneide die Rüsche in gewünschter Länge und Breite zu, hier ist es die 1,7-fache Länge der Kante, an die sie genäht wird. Stelle die größtmögliche Stichlänge (4–5 mm) ein. Steppe an der Reihkante zwei Nähte im Abstand von 0,5 cm, ohne zu vernähen. Lass jeweils an Anfang und Ende die Fäden ca. 10 cm lang hängen.

2. Rüsche einreihen

Trenne nun jeweils an einer Seite die Ober- von den Unterfäden, halte beide Oberfäden fest und schiebe den Stoff gleichmäßig zusammen, bis die Rüsche die Länge der Kante hat, an die sie genäht werden soll.

3. Rüsche festnähen

Stelle die Stichlänge wieder auf die übliche Größe ein (2,5 mm). Stecke die gerüschte Stoffkante rechts auf rechts an die glatte und nähe sie zwischen den zwei Reihnähten fest. Achte darauf, dass die Fältchen möglichst senkrecht zur Naht liegen. Ziehe den unteren Reihfaden heraus.

4. Nahtzugaben feststeppen

Versäubere beide Kanten gemeinsam und bügle die Nahtzugaben in das glatte Stoffteil. Steppe diese dann von rechts auf dem glatten Teil knappkantig, also dicht neben der Ansatznaht, fest.

FALTEN LEGEN UND NÄHEN

Durch eingelegte Falten kann man großes Stoffvolumen auf dekorative Weise auf ein gewünschtes Maß bringen. Berechne, wie viel Mehrweite du in Falten legen willst, bestimme die Anzahl der Falten und die gewünschte fertige Breite, auf der die Falten untergebracht werden.

Beispielrechnung für einen Faltenrock mit einer Taillenweite von 72 cm: Vorder- und Rückteil sollen jeweils eine fertige Weite von 36 cm und 9 Falten haben, mit der Faltenaufsicht (= Faltenabstand) von 4 cm Breite und dem Falteninhalt von 8 cm = 72 cm.

1

2

3

4

1. Falten berechnen und markieren

Für jedes Teil rechnet man also Faltenaufsicht + Falteninhalt + 2 cm Nahtzugabe pro Seitennaht. Bei diesem Beispiel sind das 36 cm Faltenaufsicht + 72 cm Falteninhalt + 4 cm Nahtzugabe = 112 cm Stoffbreite pro Teil. Markiere an der oberen Stoffkante zunächst 2 cm für die seitliche Nahtzugabe, dann jeweils abwechselnd 4 cm Faltenaufsicht und 8 cm Falteninhalt (insgesamt 9-mal). Markiere am Ende wieder eine Nahtzugabe von 2 cm.

2. Falten einlegen und feststecken

Lege nun jeweils die 8 cm breiten Bereiche an den Markierungen aufeinander und stecke sie fest.

3. Faltenansicht

So sehen die Falten von der Seite aus: Sie bestehen aus einer dreifachen Stofflage.

4. Falten feststeppen

Die eingelegten Falten können nach Belieben zunächst geheftet werden. Nähe dann an der oberen Kante quer über die Falten, um sie zu fixieren.

APPLIKATIONEN

Zum Verzieren von Kleidung und Accessoires sind Applikationen bestens geeignet. Außerdem kannst du so auch Reste von deinen Lieblingsstoffen verwerten.

1

3

2

4

1. Stoffgrund mit Bügeleinlage verstärken
Verstärke zunächst das Stoffteil, auf das das Motiv appliziert wird, von links mit einer Bügeleinlage.

2. Motiv zuschneiden und mit Einlage verstärken
Schneide das gewünschte Motiv aus Stoff und aus Einlage zu und bügle die Einlage von links auf.

3. Motiv platzieren und feststeppen
Stecke das Motiv an die gewünschte Stelle und nähe es zunächst ringsum mit Steppstichen fest.

4. Motiv mit Zickzack-Stichen applizieren
Stelle einen engen Zickzackstich ein und nähe das Motiv ringsum gleichmäßig auf. Lass die Nadel im Stoff stecken, wenn du an eine Ecke gelangst, hebe das Nähfüßchen an und drehe das Motiv in die gewünschte Richtung. Sichere die Naht mit einigen Rückstichen, wenn du das Motiv umrundet hast.

TIPP

Es gibt ein spezielles Bügelvlies für Applikationen, Vliesofix, mit dem diese Technik kinderleicht wird. Das Geheimnis: Es lässt sich von beiden Seiten aufbügeln (auf einer Seite befindet sich eine Papierschicht zum Abziehen), so spart man sich einen Arbeitsschritt: das Stecken und Feststeppen.

DAS WICHTIGSTE ÜBER SCHNITTE

MIT EINEM EINFACHEN SCHNITT STARTEN

Als erstes Projekt bietet sich ein einfacher Rock an – aber verwende dafür nicht gleich den teuersten Stoff. Wenn der Rock noch nicht perfekt ist, kannst du beim nächsten Mal den Schnitt und die Verarbeitung verbessern. Probiere Schnittmuster von verschiedenen Firmen aus, um herauszufinden, mit welchen du am besten zurechtkommst.

SCHNITTMUSTER AUFBEWAHREN

Ob gefaltet oder zusammengerollt, mit Bändchen oder Klammer zusammengehalten, ob in Klarsichthüllen in einem Ordner oder in einer Box untergebracht – es gibt viele Möglichkeiten, Schnittmuster aufzubewahren.

SCHNITTMUSTER LESEN

Bei Schnitten hast du die Wahl zwischen einzelnen **Fertigschnitten**, die man einfach kopieren oder gleich ausschneiden kann, und der Variante **Schnittmusterheft**, mit Bogen, die mehrere Schnitte übereinander zeigen. Lass dich anfangs nicht von dem Gewirr der unterschiedlichen Linien auf dem Schnittmusterbogen verunsichern. Suche gezielt nach der Information, die du brauchst: nach dem gewünschten Schnitt für das Modell, das du nähen möchtest, nach der richtigen Linie für deine Größe und nach allen dazugehörigen Teilen.

Nimm dir die Zeit, um die Anleitung genau durchzulesen. Meist ist es gar nicht so kompliziert, wie es aussieht. Folge der Anleitung im Heft und kopiere die Teile auf **Schnittmusterpapier**. Du kannst die Schnitte durchpausen oder ein Kopierrädchen verwenden. Übernimm auch unbedingt alle Beschriftungen und Markierungen.

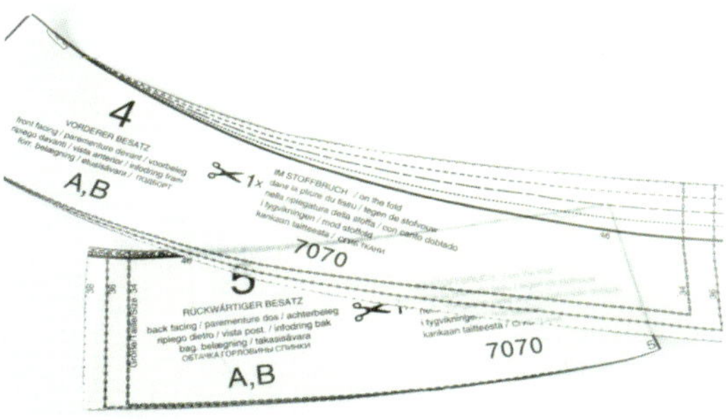

Fertigschnitte kann man gleich ausschneiden.

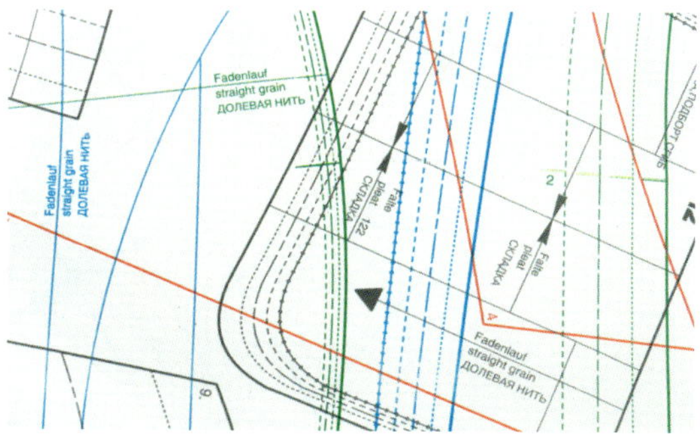

Auf einem Schnittbogen liegen mehrere Schnittteile übereinander.

„MODE IST NICHTS, WAS NUR
IN KLEIDUNG EXISTIERT.
MODE IST IN DER LUFT,
AUF DER STRASSE, MODE
HAT ETWAS MIT IDEEN
ZU TUN, MIT DER ART,
WIE WIR LEBEN, MIT DEM,
WAS PASSIERT.“

COCO CHANEL

WIE VERMESSE ICH MICH RICHTIG?

Bevor du den Schnitt überträgst oder ausschneidest, solltest du deine Maße ermitteln und sie mit denen der dem Schnitt zugehörigen Maßtabelle vergleichen. Es gibt keine genormten Größentabellen, deshalb können sich die Konfektionsgrößen von Hersteller zu Hersteller unterscheiden. Die Kleidergröße, die du normalerweise hast, entspricht also nicht zwangsläufig der des Schnittmusters.

Die drei wichtigsten Weitenmaße sind Oberweite, Taillenweite und Hüftweite. Miss auch die gewünschten Längen wie etwa Rock- oder Ärmellänge. Vergleiche diese mit den Längenmaßen der Schnittteile. Nicht immer stimmen die Proportionen mit den eigenen überein.

EINZELNE KÖRPERMASSE MESSEN

In den Größentabellen werden stets die Maße des Körpers und nicht des Kleidungsstücks angegeben. Je nach Modell sind im Schnitt dann bereits Weitenzugaben von 4–8 cm enthalten.

1. Oberweite wird über dem stärksten Brustpunkt gemessen

2. Taille wird in der natürlichen Taille gemessen

3. Hüfte wird über dem stärksten Punkt der Hüfte gemessen

4. Vordere Länge wird vom inneren Schulterpunkt bis zur Taille gemessen

5. Brusttiefe wird vom inneren Schulterpunkt bis zum Brustpunkt gemessen

6. Halsweite wird rund um den Hals gemessen

7. Rückenlänge wird vom obersten Halswirbel bis zur Taille gemessen

8. Armlänge wird vom äußeren Schulterpunkt über den angewinkelten Arm bis zum Handgelenk gemessen

9. Oberarmweite wird um den stärksten Punkt am Oberarm gemessen

10. Handgelenkweite wird um das Handgelenk gemessen

11. Beinaußenlänge wird seitlich von der Taille bis zum Boden gemessen

MEINE KÖRPERMASSE

Trage deine Körpermaße in die Tabelle unten ein – lass etwas Platz für spätere Veränderungen. Anhand deiner Maße kannst du leicht herausfinden, welche Größe in einem Mehrgrößenschnitt die richtige für dich ist und welche Anpassungen du gegebenenfalls machen musst, damit schließlich alles gut sitzt.

Größe	34	36	38	40	42	44	Deine Körpermaße
1 Oberweite	80 cm	84 cm	88 cm	92 cm	96 cm	100 cm	
2 Taille	66 cm	69 cm	72 cm	76 cm	80 cm	85 cm	
3 Hüfte	89 cm	93 cm	97 cm	100 cm	103 cm	106 cm	
4 vordere Länge	43,3 cm	44 cm	44,7 cm	45,5 cm	46,3 cm	47,1 cm	
5 Brusttiefe	25 cm	25,8 cm	26,6 cm	27,5 cm	28,4 cm	29,3 cm	
6 Halsweite	35,2 cm	35,9 cm	36,6 cm	37,3 cm	38 cm	38,7 cm	
7 Rückenlänge	40,4 cm	40,6 cm	40,8 cm	41 cm	41,2 cm	41,4 cm	
8 Armlänge	59,4 cm	59,6 cm	59,8 cm	60 cm	60,2 cm	60,4 cm	
9 Oberarmweite	26 cm	27,2 cm	28,4 cm	29,6 cm	30,8 cm	32 cm	
10 Handgelenkweite	15,1 cm	15,4 cm	15,7 cm	16 cm	16,3 cm	16,6 cm	
11 Beinaußenlänge	107 cm	107 cm	107 cm	107,5 cm	107,5 cm	107,5 cm	

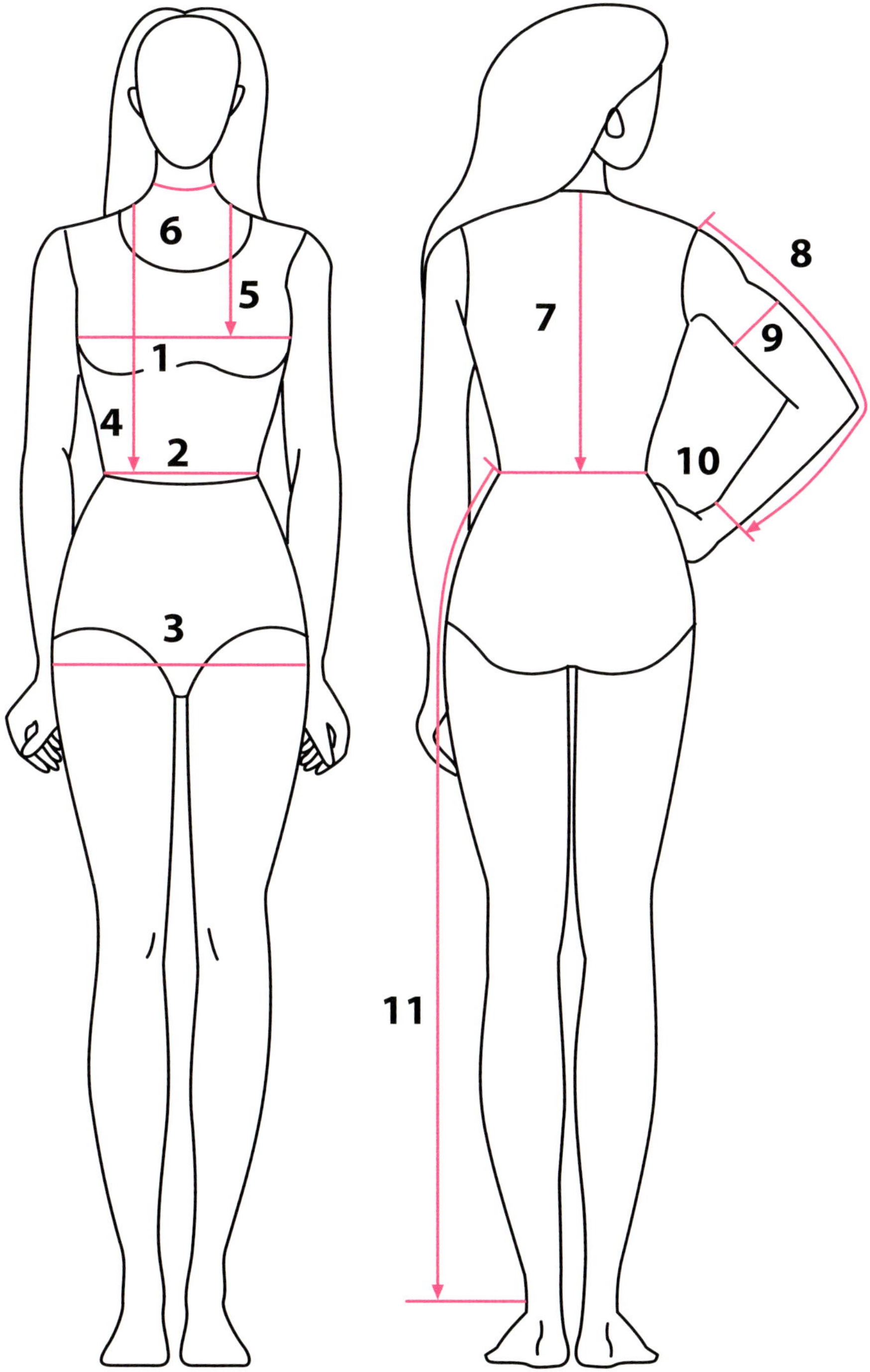
6
5
1
4
2
3
7
8
9
10
11

DIE RICHTIGE GRÖSSE FINDEN

Jedes Schnittmuster hat eine Größentabelle, mit der du deine eigenen Maße vergleichen kannst. Stelle deine Weitenmaße denjenigen in der Tabelle gegenüber und bestimme so deine Größe. Wenn die Maße abweichen, du z. B. laut Tabelle eine Oberweite in Größe 40 hast und eine Hüftweite in Größe 42, so solltest du dich für den größeren Schnitt entscheiden, also hier für Größe 42. Du kannst den Schnitt immer noch verkleinern. Die Größenmaße unterscheiden sich oft stark voneinander. Daher gilt die Devise: Es gibt keine falschen Maße, es gibt nur unpassende Schnitte.

SCHNITT KOPIEREN

Ermittle deine Größe und schneide den Schnitt aus oder kopiere ihn. Achte auf die Anzahl der Schnittteile und prüfe, ob alle Teile vorhanden sind. Meist sind die zusammengehörigen Schnittteile nummeriert oder mit Buchstaben beschriftet, wie etwa Rock A: Schnittteile 1–4.

SCHNITT VERÄNDERN

Möchtest du z. B. einen Hosenschnitt kürzen oder verlängern, suche auf dem Schnitt eine Doppellinie mit dem entsprechenden Hinweis. So bleibt die Proportion des Schnitts erhalten: Schneide den Schnitt an dieser Linie auseinander und verlängere oder kürze die Teile durch Auseinander- oder Übereinanderschieben. Hier siehst du am Beispiel einer Taille, wie das aussehen kann.

TIPP

Ist keine Doppellinie im Schnittmuster zu finden, kannst du an entsprechender Stelle eine Querlinie einzeichnen und das Teil dort verlängern oder kürzen.

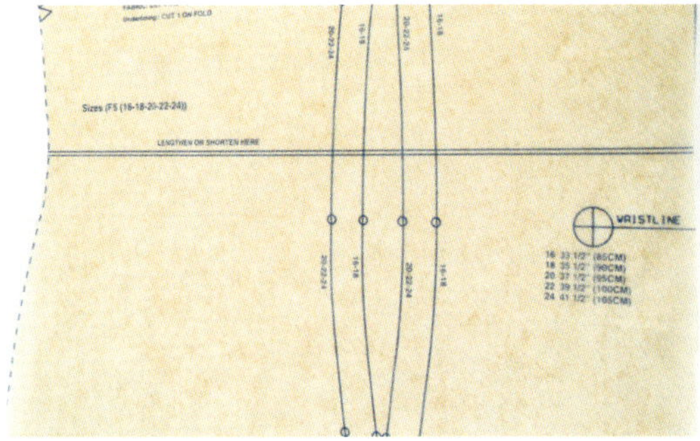

Die quer verlaufende Doppellinie weist darauf hin, dass du das Schnittteil hier verlängern oder kürzen kannst.

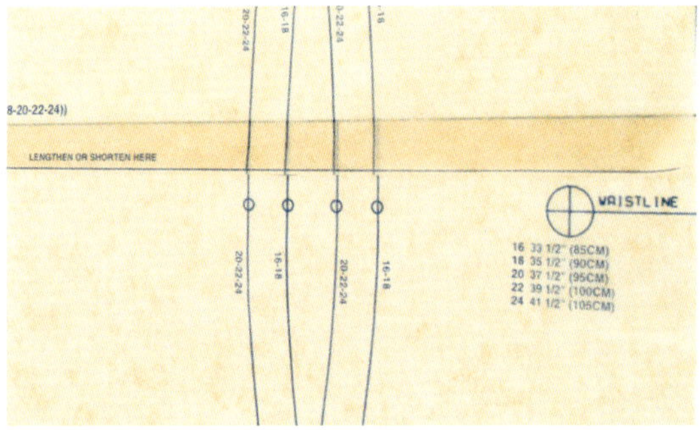

Zum Kürzen schneidest du das Schnittteil an der Doppellinie auseinander und schiebst es um den gewünschten Betrag übereinander. Gleiche gegebenenfalls die Abnäher an.

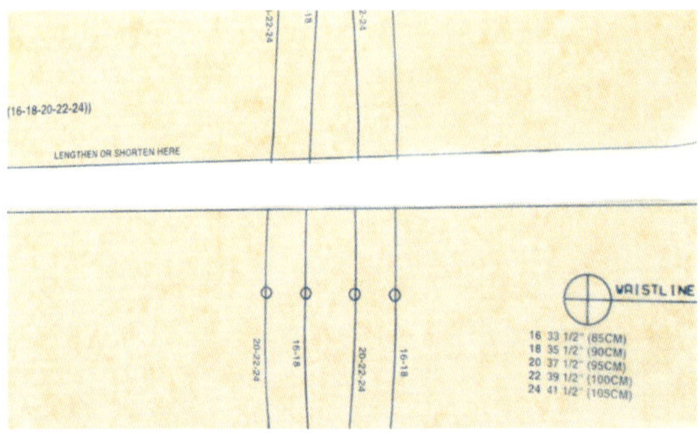

Zum Verlängern schneidest du das Teil an der Doppellinie auseinander und schiebst es entsprechend auseinander. Klebe einen Papierstreifen dazwischen.

ZUSCHNEIDEN

STOFF VORBEREITEN

Falte den Stoff mittig und lege Webkante auf Webkante. Die rechte Seite des Stoffs liegt dabei innen. Bügle die Stoffe, die verknittert sind. Es ist empfehlenswert, vor allem Baumwollstoffe vorzuwaschen, da diese häufig einlaufen. So verhinderst du böse Überraschungen nach dem ersten Waschgang deines selbst genähten Teils. Achte außerdem darauf, dass die Stofflagen ohne Fältchen oder Schrägzug glatt auf der Arbeitsfläche liegen. Fixiere die Webkanten am besten mit ein paar Stecknadeln, auf diese Weise können die Stofflagen nicht verrutschen. Prüfe, ob die Schnittkanten fadengerade sind.

SCHNITTMUSTER AUFLEGEN

Der Stoff liegt nun bereit und du kannst die Schnittteile auflegen. Die Anleitung im Fertigschnitt oder im Schnittmusterheft enthält meist Hinweise und einen Schnittauflageplan für die unterschiedlichen Stoffbreiten. Falls du keine Vorgaben hast, lege zunächst alle Schnittteile provisorisch auf den Stoff, um zu prüfen, wie du diese stoffsparend auflegen kannst. Beachte den Fadenlauf, der parallel zur Webkante oder zum Stoffbruch verläuft. Der Fadenlauf entspricht immer der Richtung des Kettfadens und der Kettfaden läuft immer parallel zur Webkante. Stecke die Schnittteile fest. Je weicher und fließender der Stoff, desto mehr Nadeln solltest du verwenden.

NAHTZUGABEN

Lies in der Anleitung nach, ob der Schnitt Nahtzugaben enthält oder ob sie dazugegeben werden müssen. Bei Schnitten inklusive Nahtzugaben kannst du nun entlang der Kante des Papierschnitts zuschneiden. Falls der Schnitt keine Nahtzugaben aufweist, füge diese hinzu, indem du mithilfe eines Geodreiecks und Schneiderkreide parallel zur Kante des Papierschnitts die Zugaben direkt auf den Stoff aufzeichnest. Meist werden diese in der Anleitung aufgelistet, wie z. B. „bei allen Nähten 1,5 cm, bei Säumen 3–4 cm hinzugeben". Bei starken Rundungen wie bei Arm- oder Halsausschnitten sind Nahtzugaben von 1 cm empfehlenswert, denn diese sind leichter zu verarbeiten.

ZUSCHNEIDEN

Jetzt kannst du endlich zuschneiden. Führe die Schere dabei stets flach auf dem Arbeitstisch und achte darauf, den Stoff nicht hochzuziehen. Schneide genau an der Kante des Papierschnitts oder der entsprechend angezeichneten Linie und sammle zunächst alle Teile mit den noch aufgesteckten Schnittteilen zusammen. Wenn du das Schnittmuster so lange wie möglich aufgesteckt lässt, können keine Verwechslungen entstehen.

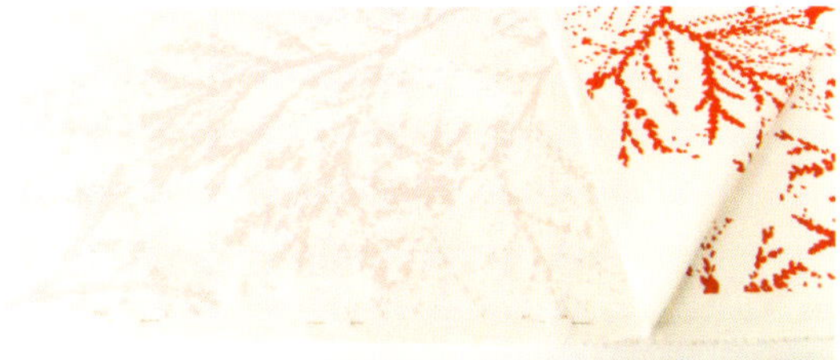

Stoff mittig falten und Webkanten aufeinanderlegen

Schnittmuster auflegen

Nahtzugabe auf den Stoff zeichnen

MARKIERUNGEN ÜBERTRAGEN

Nach dem Zuschnitt hast du es bald geschafft, dann kannst du endlich anfangen zu nähen. Du musst jetzt nur noch die einzelnen Details auf den Stoffteilen markieren, wie unten beschrieben. Wenn du viele Teile hast, solltest du die Papierschnitte noch auf dem Stoff stecken lassen, bis du dazu kommst, diese zu verarbeiten. So behälst du besser den Überblick und kannst alle Teile ganz leicht zuordnen.

1

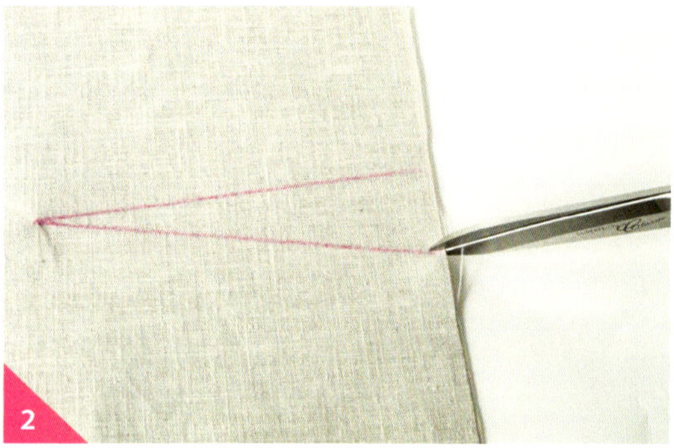
2

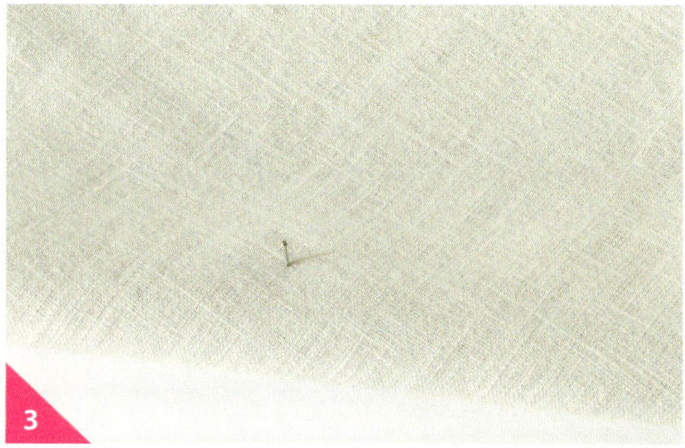
3

4

1. Markierungen übernehmen

Übertrage die im Schnitt enthaltenen Markierungen und Passzeichen, bevor du den Papierschnitt entfernst.

2. Markierungen einknipsen

Markiere die oberen Abnäherenden am Ende beider Nahtlinien mit kleinen Einschnitten (nur etwa 3 mm tief) durch beide Stofflagen.

3. Abnäherende markieren

Markiere das Ende des Abnähers mit einer Nadel, stich dabei durch das Schnittmuster und durch beide Stofflagen hindurch.

4. Papierschnitt abnehmen

Nimm nun den Papierschnitt ab, indem du ihn vorsichtig über die Nadel hebst. Stich von der darunterliegenden Stofflage aus in dieselbe Markierung, um auch hier das Abnäherende festzuhalten. Übertrage so alle Markierungen. Entferne die Papierschnitte erst, wenn du alle Details auf den Stoff übertragen hast.

EINZELTEILE ZUSAMMENFÜGEN

Endlich ist es so weit, die Teile sind zugeschnitten, du kannst jetzt mit dem Nähen beginnen. Halte dich dabei genau an die Anleitung und gehe Schritt für Schritt vor. Lege die Teile, die zusammengefügt werden sollen, rechts auf rechts (oder wie angegeben) aufeinander. Stecke und hefte sie und nähe sie in entsprechender Nahtbreite zusammen. Und vergiss nicht, Nahtanfang und -ende zu vernähen!

ÜBUNG MACHT DEN MEISTER

KISSENHÜLLEN

Eines der bewährtesten Projekte sind Kissenhüllen: Sie sind ideal geeignet als Geschenk oder um die Wohnung zu verschönern. Miss zunächst die vorhandenen Kissenfüllungen aus oder überlege dir ein Format. Falls du ein ungewöhnliches Format möchtest, stelle das Füllkissen selbst her. Dafür nähst du eine Hülle aus dicht gewebtem Stoff, füllst sie mit Federn, Schaumstoff oder Styroporkügelchen und schließt die Öffnung im Matratzenstich.

DEKO-OBJEKT

Kissenhüllen eignen sich super für Dekorationen – wenn du dich im Applizieren üben möchtest, siehe Seite 50, oder tolle Bänder übrig hast, kannst du hier nach Herzenslust experimentieren. Selbst einfache Steppnähte zeigen große Wirkung: Nähe mit kontrastierendem Garn Nähte dicht nebeneinander als Zierlinien.

GUT ZU WISSEN

Falls du auch das Füllkissen selbst anfertigst, solltest du dafür unbedingt einen dicht gewebten Stoff wie etwa Popeline verwenden. Es gibt dafür auch spezielle Materialien, sogenannte Inlettstoffe, als Meterware. Und wer es gern natürlich hat, der kann zum Füllen unversponnene Wolle verwenden, das ergibt wunderbar weiche Kissen.

WIE WÄRE ES MIT EINEM GROBEN LEINENSTOFF UND MEHREREN VON RECHTS GESTEPPTEN ZICKZACK-NÄHTEN (DICHT AN DICHT) UND AUSGEFRANSTEN KANTEN?

KISSENHÜLLE MIT HOTELVERSCHLUSS

MATERIAL

- 50 cm Baumwollstoff oder Leinen, 140 cm breit

SCHNITTERSTELLUNG

- Lege beim Rückteil fest, auf welcher Höhe sich der offene Verschluss befinden soll, z. B. 10 cm von der unteren Kante nach oben gemessen.
- Lege beim unteren Rückteil die Überlappung der Öffnung fest, hier sind es 12 cm. Dazu rechnet man die Höhe (siehe Schritt 1). Daraus ergibt sich ein Schnittteil von 40 × 22 cm.
- Für das obere Rückteil ziehst du die Höhe des unteren Rückteils bis zum Verschluss ab, daraus ergibt sich ein Schnittteil von 40 × 30 cm.
- Die Maße für das Vorderteil sind 40 × 40 cm.

TIPP

Selbst für sehr einfache Projekte ist es sinnvoll, einen Papierschnitt anzufertigen, denn das vereinfacht das Zuschneiden und du kannst den Schnitt immer wieder verwenden. Außerdem kannst du den Papierschnitt auch gut auf einfache Stofflagen legen und testen, ob sich Reste verwerten lassen.

Maße
40 × 40 cm

♥ LOS GEHT'S

1. Stoff zuschneiden

Fertige die Papierschnitte und lege sie auf den Stoff (einfache Lage). Wenn du zwei Kissen nähen möchtest, kannst du den Stoff gleich doppelt legen. Gib ringsum 2 cm Nahtzugabe hinzu und schneide die Teile zu.

2. Versäubern

Versäubere die beiden Kanten der Verschlussleiste an den Rückteilen mit Zickzackstichen. Schlage die Kanten 2 cm breit um und steppe sie fest. Du kannst auch die Kanten in einer Breite von 1 cm doppelt umschlagen und die Säume knappkantig feststeppen.

3. Teile zusammenstecken

Lege nun das obere Rückteil links auf rechts 12 cm überlappend auf das untere Rückteil, stecke und nähe die Teile an den seitlichen Kanten zusammen. Damit die Öffnung nicht zu stark aufklafft, kann man die Überlappung jeweils von der Seite 5 cm zunähen. Hier siehst du, wie der fertige Hotelverschluss von der Innenseite aussieht.

4. Teile zusammennähen

Lege dann das Rückteil rechts auf rechts auf das Vorderteil, stecke die Kanten aufeinander und nähe beide Teile ringsum mit einer Nahtbreite von 2 cm zusammen. Versäubere die Kanten mit Zickzackstichen. Hier siehst du, wie der fertige Hotelverschluss von außen aussieht.

5. Ecken zusammenlegen und Hülle wenden

Du kannst es vermutlich kaum erwarten, die Kissenhülle umzudrehen. Lege die Nahtzugaben an den Eckpunkten übereinander und wende die Hülle dann nach rechts. Stülpe die Ecken sorgfältig nach außen.

TIPP

Der Vorteil am Hotelverschluss ist nicht nur, dass man sehr schnell den Bezug wechseln kann (daher auch sein Name), sondern auch, dass man garantiert keine drückenden Stellen hat, die das Liegen auf dem Kissen unbequem machen. Auch für ein kleines Babykissen eignet sich diese Verschlussart gut.

KISSENHÜLLE MIT REISSVERSCHLUSS

Maße
40 × 40 cm

MATERIAL

- 50 cm Baumwollstoff oder Leinen, 140 cm breit
- 1 Reißverschluss, 30 cm lang

SCHNITTERSTELLUNG & ZUSCHNITT

- Zeichne als Schnittvorlage ein 40 × 40 cm großes Quadrat.
- Schneide aus dem Stoff zwei gleich große Teile mit einer Nahtzugabe von 2 cm (an allen Kanten) zu.

TIPP

Wenn du z. B. drei Kissenhüllen aus demselben Stoff fertigst, kannst du jeweils dieselben Arbeitsschritte in einem Durchgang ausführen – also die offenen Kanten versäubern, die Reißverschlüsse einnähen, die Nähte an allen Kissen schließen. So prägen sich die Schritte gleich viel besser ein.

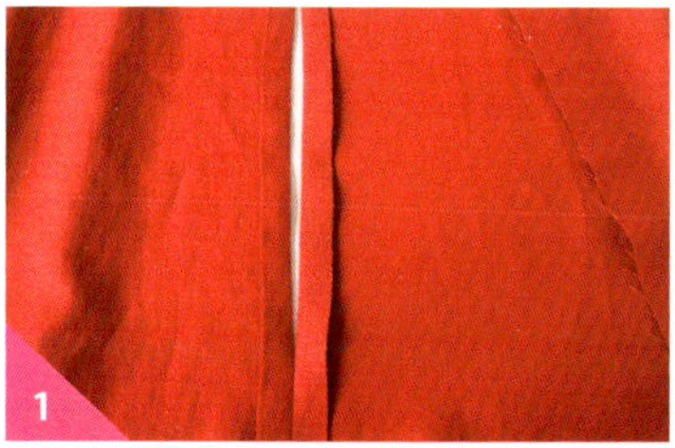

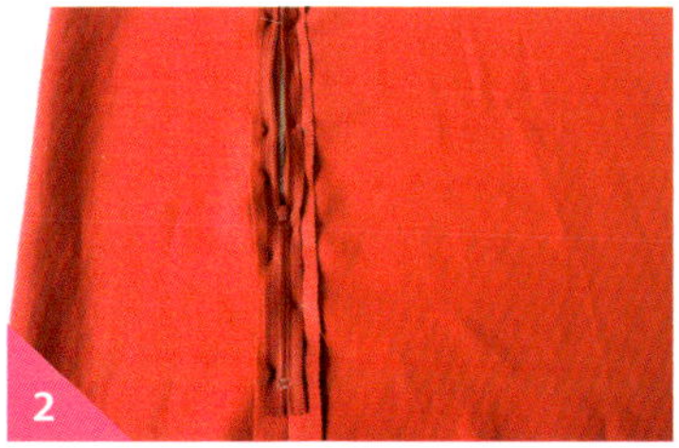

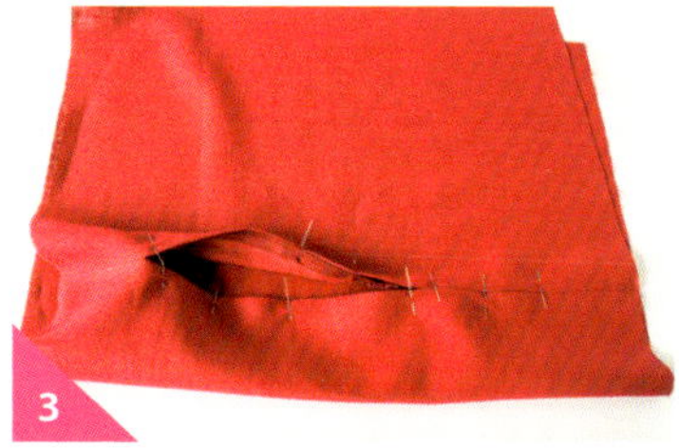

♥ LOS GEHT'S

1. Reißverschlussöffnung nähen
Bereite die Öffnung für den Reißverschluss vor: Versäubere jeweils die Unterkanten mit Zickzackstichen. Lege die Teile an diesen Kanten rechts auf rechts und nähe jeweils von der Seite zur Mitte hin eine 7 cm lange Naht.

2. Bügeln und stecken
Bügle die Nahtzugaben auseinander und fortlaufend die offenen Kanten in derselben Breite um. Öffne den Reißverschluss, lege ihn mit den Zähnchen bündig unter die umgebügelten Kanten und stecke ihn fest.

3. Reißverschluss feststeppen
Steppe den Reißverschluss an einer Seite fest (dabei müssen die Zähnchen immer rechts vom Nähfuß liegen). Nähe dann quer zur anderen Seite und steppe auch dort den Reißverschluss fest, siehe auch Seite 40 ff. Vernähe Nahtanfang und -ende.

TIPP
Falls du noch wenig Näherfahrung hast und sich der Stoff leicht verzieht, kannst du den Reißverschluss von Hand mit Heftstichen vornähen.

4. Kissenteile zusammennähen
Das Schwierigste ist nun geschafft! Lege beide Teile rechts auf rechts und nähe sie an den drei restlichen offenen Kanten mit einer Nahtbreite von 2 cm zusammen. Achtung – öffne zuvor den Reißverschluss, denn sonst kannst du die Kissenhülle nicht mehr wenden. Versäubere die Kanten rundum mit Zickzackstichen.

5. Ecken zusammenlegen und Kissenhülle wenden
Lege die Nahtzugaben an den Ecken aufeinander und wende die Kissenhülle nach rechts. Stülpe die Ecken sorgfältig nach außen.

6. Füllkissen in den Bezug stecken
Deine Kissenhülle mit Reißverschluss ist nun fertig und du kannst wirklich stolz darauf sein! Nun muss sie nur noch befüllt werden: Stecke das Innenkissen in den Bezug und schüttle das Prachtstück auf!

KISSENHÜLLE MIT KNOPFVERSCHLUSS

Maße
40 × 40 cm

MATERIAL

- 50 cm Baumwollstoff oder Leinen, 140 cm breit
- 3 flache Knöpfe
- 3 × 80 cm Bügeleinlage (optional)

SCHNITTERSTELLUNG

- Lege die Größe des fertigen Kissens fest, hier sind es 40 × 40 cm. Erstelle für Vorder- und Rückteil je eine Papiervorlage und zeichne bei dieser Verschlussvariante die Nahtzugaben und den Umschlag für die Knopfleiste mit ein.
- Ausgangsbasis für das Kissenvorderteil ist ein Quadrat von 40 × 40 cm, die Nahtzugabe beträgt an den drei Kanten (außer der Kante mit Leiste) 2 cm.
- Die Verschlussseite des Vorderteils erhält einen 3 cm breiten Untertritt. Für die Knopfleiste werden 2 × 3 cm benötigt. Das Teil ist also 44 × 48 cm groß.
- Das Rückteil ist ebenfalls 40 × 40 cm groß, die Nahtzugabe beträgt an den drei Kanten 2 cm. An der vierten Seite wird der eingeschlagene Übertritt mit Knopflochleiste eingezeichnet. Für diese werden 3 × 3 cm benötigt. Das Teil ist also 44 × 51 cm groß.

ZUSCHNITT

- Schneide nach der Papiervorlage ein Vorderteil mit 44 × 48 cm sowie ein Rückteil mit 44 × 51 cm zu.
- Markiere die Linien für die Umbruchkanten.

TIPP

Um die Verschlussleiste zu verstärken, bügelst du von links einen 3 cm breiten Einlagestreifen auf.

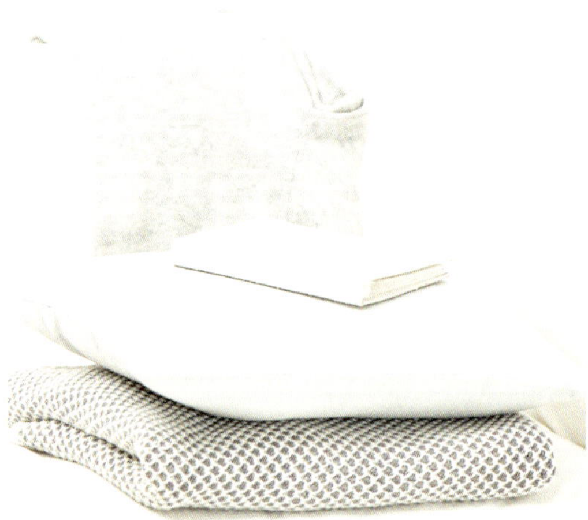

1

2

3

4

5

6

♥ LOS GEHT'S

1. Umschlag umbügeln und stecken

Bügle jeweils an Vorder- und Rückteil den Umschlag von 2 × 3 cm zur linken Seite um und stecke ihn fest.

2. Umschlag absteppen

Steppe den Umschlag bei beiden Teilen von der Rückseite aus knappkantig fest.

3. Knopflöcher nähen

Zeichne an der Verschlussleiste des Rückteils die Knopflöcher in gleichmäßigen Abständen ein (hier sind es drei mit einem Abstand von jeweils 10 cm). Setze den Knopflochfuß an der Nähmaschine ein und nähe die Knopflöcher gemäß Bedienungsanleitung. Schneide sie mit einem Nahttrenner oder einer spitzen Schere ein.

4. Vorder- und Rückteil zusammennähen

Schlage die Knopfleiste am Rückteil zur linken Seite um. Lege Vorder- und Rückteil rechts auf rechts, so liegt die Knopfleiste beim fertigen Teil innen. (Am besten, du steckst die Leiste zur Probe erst von der rechten Seite übereinander!) Nähe die Teile an den drei restlichen offenen Kanten mit einer Breite von 2 cm zusammen. Versäubere die Kanten rundherum mit Zickzackstichen.

5. Ecken zusammenlegen und Kissenhülle wenden

Lege die Nahtzugaben an den Ecken aufeinander und wende die Kissenhülle nach rechts. Stülpen die Ecken sorgfältig nach außen.

6. Knöpfe annähen

Lege die Position der Knöpfe fest und nähe sie mit doppeltem Faden innen (wichtig!) an der Knopfleiste fest. Stich dabei nur durch die zwei Lagen und nicht auf die Außenseite durch, sonst sind die Stiche außen sichtbar.

TIPP

Die Knöpfe sollen sichtbar sein? Dann nähst du die Knopflöcher einfach in die Leiste am Vorderteil und die Knöpfe auf die Leiste am Rückteil.

STUHLKISSEN

MATERIAL

- 45 cm gewebter Baumwollstoff mit Punkten, 130 cm breit
- Füllkissen, 40 × 40 cm

ZUSCHNITT

1 cm breite Nahtzugaben sind in den Maßen bereits enthalten.

- 1 × Quadrat A: 41 × 41 cm
- 1 × Rechteck B: 41 × 42 cm
- 1 × Rechteck C: 41 × 17 cm
- 4 Streifen à 32 × 4 cm

Maße
41 × 41 cm

♥ LOS GEHT'S

1. Bänder nähen

Bügle an den Streifen jeweils eine Schmal- und beide Längskanten 1 cm breit nach links um und die Streifen danach noch einmal zur Hälfte, sodass der Stoff vierlagig liegt. Steppe die umgebügelten Kanten knappkantig aufeinander.

2. Unterseite nähen

Bügle eine der kürzeren Kanten des 41 × 42 cm großen Rechtecks 2 × 1 cm breit nach links um = 41 × 40 cm. Lege jeweils 7 cm von der rechten bzw. linken Stoffkante entfernt, ein Band mit der offenen Schmalseite in den Falz ein. Nähe den Saum knappkantig fest, die Bandenden werden dabei mit eingefasst.

3. Oberseite mit Umschlag nähen

Bügle eine der längeren Kanten des 41 × 17 cm großen Stoffstücks 2 × 1 cm breit nach links um = 41 × 15 cm. Steppe den Saum knappkantig ab. Stecke nun auf der rechten Stoffseite des 41 × 41 cm großen Stoffstücks für die Kissenoberseite, jeweils 7 cm von der rechten bzw. linken Stoffkante entfernt, die übrigen beiden Bänder mit der offenen Schmalseite fest. Lege das eben gesäumte kleinere Teil rechts auf rechts darauf, siehe Foto. Nähe die Teile an der Kante mit den Bändern zusammen.

4. Kante bügeln

Bügle die Nahtzugaben auseinander und klappe die eben zusammengenähten Stoffstücke danach so um, dass die linken Stoffseiten aufeinanderliegen. Bügle die Kante auch von außen.

5. Kissenteile zusammennähen

Lege jetzt die Unterseite rechts auf rechts auf die Kissenoberseite und nähe die Teile an den drei Seiten ohne Bänder zusammen. Versäubere alle Nahtzugaben mit einem Zickzackstich oder der Overlock.

6. Ecken abstecken

Um dem Kissenbezug eine dreidimensionale Form zu geben, ziehe die Stofflagen an den geschlossenen Ecken auseinander, sodass jeweils die Seitennaht und die Naht an der Kissenvorderkante aufeinanderliegen und an der Spitze ein kleines Dreieck entsteht.

7. Ecken abnähen

Nähe das Dreieck 2 cm von der Ecke entfernt quer zur Naht ab. Schneide das Dreieck anschließend ab und versäubere den Schnitt mit Zickzackstichen. Zum Schluss den Bezug wenden, gut bügeln, das Füllkissen einlegen und das Kissen am Stuhl festbinden.

„FÜR MICH GIBT ES NUR DAS GEHEN AUF WEGEN DIE HERZ HABEN, AUF JEDEM WEG GEHE ICH, DER VIELLEICHT EIN WEG IST, DER HERZ HAT. DORT GEHE ICH UND DIE EINZIGE LOHNENDE HERAUSFORDERUNG IST, SEINE GANZE LÄNGE ZU GEHEN. UND DORT GEHE ICH UND SEHE ATEMLOS."

AUS „DON JUAN" VON CARLOS CASTANEDA

TISCHDECKE MIT KUVERTECKE

maß-geschneidert

MATERIAL

- Baumwollstoff oder Leinen: Stoffverbrauch je nach Tischgröße (siehe unten)

SCHNITTERSTELLUNG

- Miss den Tisch aus, rechne pro Seite 20 cm Länge Überhang dazu. Ist der Tisch z. B. 80 × 120 cm groß, dann hat die Tischdecke eine Größe von 120 × 160 cm.
- Gib jetzt noch pro Seite 4 cm für den Saum dazu, dann erhältst du ein Maß von 128 × 168 cm für den Zuschnitt.
- Erstelle einen Papierschnitt. Zeichne die Ecken ein, wie unten in der Skizze gezeigt. Schneide die Spitzen an der gestrichelten Linie schräg ab.

ZUSCHNITT

- Bügle den Stoff vor dem Zuschneiden. Achte darauf, die Schnittvorlage im geraden Fadenlauf aufzulegen, damit kein Schrägzug entsteht. Stecke den Papierschnitt fest und schneide die Tischdecke direkt entlang der Papierkante zu.

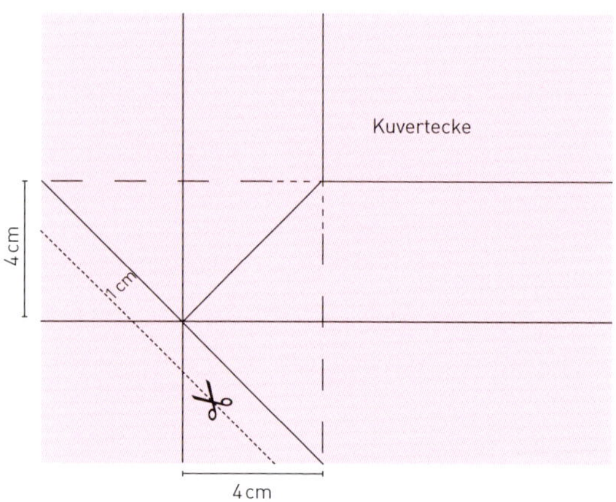

♥ LOS GEHT'S

1. Kanten umbügeln

Fädle das passende Nähgarn ein und nähe eine Probenaht, dann kann es losgehen. Bügle alle geraden Schnittkanten 1 cm breit zur linken Seite um.

2. Ecken falten und zusammennähen

Stecke den Stoff an den abgeschrägten Ecken jeweils rechts auf rechts aufeinander, sodass die umgebügelten Kanten genau aufeinanderliegen, und nähe die Ecken mit einer Nahtbreite von 1 cm ab.

3. Ecken prüfen

Drücke die Nahtzugaben mit dem Daumennagel auseinander und prüfe bei jeder Kuvertecke, ob sie gleichmäßig abgenäht ist und dieser Abbildung entspricht.

4. Wenden und bügeln

Wende die Kuvertecken nach rechts und bügle die Naht aus und fortlaufend den Saum 3 cm breit um, sodass dieser überall gleich breit ist.

5. Saum knappkantig feststeppen

Stecke den Saum fest und steppe ihn von links knappkantig fest. Achte darauf, dass keine Schrägzüge entstehen.

6. Die fertige Kuvertecke

So sieht die fertige Ecke von der linken und der rechten Seite aus.

TIPP

Den Schrägzügen kannst du entgegenwirken, indem du die Saumkante mit kleinen Stichen heftest und dann dicht neben den Heftstichen steppst. Geübtere, die beim Steppen mit Stecknadeln klarkommen, sollten diese auf jeden Fall quer zum Saum stecken und sie dann erst kurz vor dem Darübernähen herausziehen. Dieser Tipp gilt auch für gerundete Säume.

GLEICHE TECHNIK, ANDERES PROJEKT

Bei Tischsets und Servietten kannst du genauso vorgehen wie bei der Tischdecke.
Ein übliches Maß für Tischsets ist 45 × 35 cm und für Servietten beträgt es 45 × 45 cm. Erstelle auch dafür eine Schnittvorlage und schneide dann die gewünschte Anzahl der Sets oder Servietten zu.
Die Saumzugabe bleibt dieselbe wie bei der Tischdecke und auch die Verarbeitungsmethode bleibt gleich. Diese Teile nähen sich sogar leichter als Tischdecken, weil die abzusteppenden Kanten nicht so lang sind.

TISCHSETS MIT EINFASSUNG

Maße
35 × 45 cm

MATERIAL JE SET

- 35 cm Baumwollstoff oder Leinen, 45 cm breit
- ca. 1,7 m vorgefalztes Schrägband, hier aus Satin

SCHNITTERSTELLUNG & ZUSCHNITT

- Erstelle zunächst einen Papierschnitt in der gewünschten Größe für das Tischset. Hier wurde ein Maß von 35 × 45 cm verwendet. Du brauchst keine Saum- oder Nahtzugaben, weil die Kanten eingefasst werden.
- Am einfachsten ist es, die vier Ecken abzurunden, das erleichtert später das Einfassen. Dazu kannst du eine Untertasse oder ein Glas als Schablone verwenden.
- Schneide anschließend die gewünschte Anzahl an Sets zu.

LOS GEHT'S

1. Erste Seite nähen

Beginne an einer Längsseite und stecke das vorgefalzte Schrägband mit der rechten Seite auf die linke Stoffseite des Sets. Schlage das Schrägband am Anfang 1 cm um und beginne dann zu steppen. Achte darauf, dass die Kanten von Band und Set bündig liegen.

2. Rundung nähen

Dehne das Schrägband an den Rundungen beim Aufnähen leicht, dann legt es sich besser an und es entstehen keine Fältchen. Nähe das Schrägband ringsum fest.

3. Schrägband abschneiden

Schneide das Schrägband mit 2 cm Zugabe ab, wenn du wieder am Nahtanfang angekommen bist, und steppe das Band bis zum Ende auf.

4. Schrägband umklappen und absteppen

Schlage das Schrägband zur Vorderseite des Sets um und stecke oder hefte die vorgefalzte Kante fest. Steppe das Band ringsum knappkantig fest und achte darauf, dass es an der Verbindungsstelle gleich breit ist.

5. Variante

Auch mit Kuvertecken machen sich die Tischsets gut. Auf diese Weise wirken sie noch schlichter und passen auch zu einem auffälligen Service. Gib dazu beim Zuschnitt Saumzugaben dazu und runde die Ecken nicht ab. Wie du die Kuvertecken nähen kannst, wird ab Seite 74 beschrieben.

LADESTATION

MATERIAL

- 1 abgetrennte Gesäßtasche einer alten Jeans
- ReLeda: Breite = Breite der Tasche; Höhe = 2 × Höhe der Tasche
- Webband: 2 cm länger als die Stelle der Tasche, auf die es aufgenäht wird
- Paspelband: Länge = Unter- und Seitenkanten der Tasche + 2 cm
- 1 Vorhangöse (Ø 50 mm)
- 3 Kam Snaps

SCHNITTERSTELLUNG & ZUSCHNITT

- **Aus ReLeda:**
  Rückseite der Ladestation: Nimm die Jeanstasche als Schnitt, zeichne die Tasche bis auf die Oberkante auf, klappe die Tasche an der Oberkante nach oben um und zeichne auch hier die Umrisse auf. Schneide die Rückseite der Ladestation aus.
  Für den Organizer des Ladegeräts:
  1 Streifen à 1,5 × 16 cm und
  1 Streifen à 1,5 × 10 cm
  (die Länge der Streifen kann je nach Ladegerät angepasst werden)

maß-geschneidert zur Tasche

1

2

3

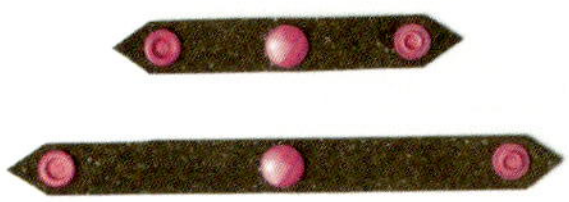

4

♥ LOS GEHT'S

1. Bänder aufnähen

Fixiere das Webband ca. 2 cm unterhalb der oberen Kante der Tasche, klappe die Enden zur Rückseite um und nähe es oben und unten knappkantig fest. Fixiere das Paspelband auf der linken Stoffseite der Tasche an der linken, rechten und unteren Kante, sodass von außen nur der Wulst sichtbar ist, klappe die Enden nach innen und nähe es knappkantig fest.

2. Tasche aufnähen

Fixiere die Tasche links auf rechts auf der unteren Hälfte der Rückseite aus ReLeda und nähe sie knappkantig an den Seiten- und der Unterkante auf.

3. Öse anbringen

Bringe nun am oberen Ende mit ca. 2 cm Abstand zur Spitze die Vorhangöse nach Herstellerangaben an. Bei ReLeda musst du etwas mehr Kraft aufwenden.

4. Organizer für Ladegerät

Nimm die beiden Streifen aus ReLeda und bringe, wie auf den Bildern gezeigt, die Kam Snaps an. Bringe den längeren Streifen am Stecker des Ladegeräts an und den kürzeren an dem zusammengewickelten Kabel. Stecke beide Teile an dem mittleren Kam Snap zusammen.

TIPP

Anstelle von ReLeda kannst du auch Filz (max. 2 mm dick) oder SnapPap verwenden!

ANHÄNGER FÜR KOPFHÖRER

Maße
8 × 7 cm

MATERIAL

- Oberstoff: 25 × 15 cm
- Futterstoff: 25 × 15 cm
- Kunstleder: 15 × 15 cm
- 1 Karabiner mit 12 mm großem Ring
- 1 Kam Snap

ZUSCHNITT

Nahtzugaben sind in den Schnittteilen bereits enthalten.

- Aus Oberstoff
  2 × Tasche
- Aus Futterstoff
  2 × Tasche; 1 × Klappe
- Aus Kunstleder
  1 × Klappe; 1 × Karabinerschlaufe: 1,2 × 6 cm

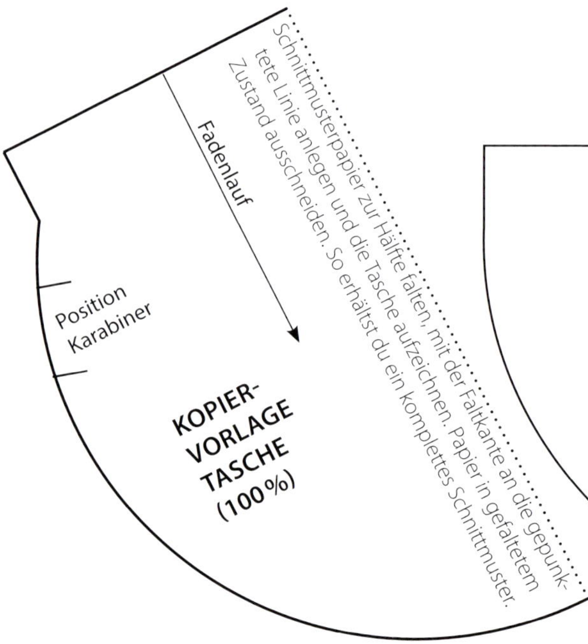

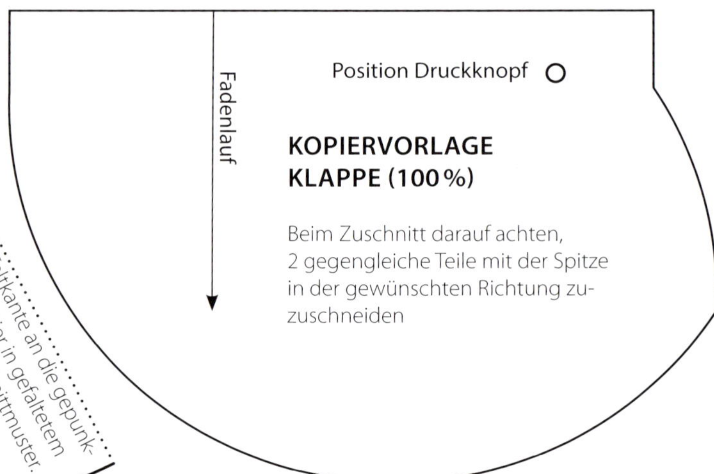

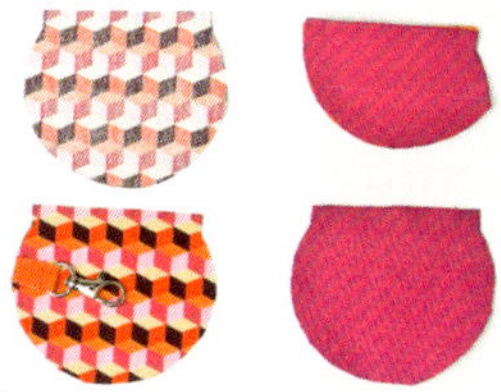
1

2

3

4

♥ LOS GEHT'S

1. Außen- und Innentasche, Klappe nähen

Lege die Schnittteile für die Tasche aus Futterstoff sowie die Klappe jeweils rechts auf rechts zusammen und nähe sie zusammen. An der Futtertasche an der unteren Rundung eine etwa 5 cm große Wendeöffnung lassen. Die obere, gerade Kante bleibt ebenfalls an beiden Teilen offen. Ziehe den Kunstlederstreifen durch den Karabiner und sichere ihn mit einer Naht parallel zum D-Ring des Karabiners. Verwende dafür den Reißverschlussfuß, damit kommst du besonders nah an den Ring heran. Nähe den Karabiner an einem Außentaschenteil knappkantig an der im Schnittteil eingezeichneten Position fest, lege das zweite Außentaschenteil rechts auf rechts darauf und nähe es bis auf die obere Kante zusammen. Die Nahtzugaben auf 3 mm zurückschneiden, an der Wendeöffnung die Nahtzugabe stehen lassen und nur mehrmals 0,5 cm weit einschneiden. Wende Außentasche und Klappe und forme die Rundungen aus.

2. Klappe annähen

Fixiere die Klappe rechts auf rechts an der Oberkante der Außentaschen-Rückseite und nähe sie knappkantig fest.

3. Außen- und Innentasche zusammennähen

Stecke die Außentasche rechts auf rechts in die Futtertasche. Achte darauf, dass die Klappe ebenfalls im Inneren liegt. Nähe die obere Kante ringsum zusammen. Schneide die Nahtzugaben an den Seitenkanten mehrmals in kurzen Abständen bis dicht an die Naht ein. Wende das Täschchen nun durch die Wendeöffnung. Schlage die Nahtzugaben an der Wendeöffnung nach links ein und nähe die Kanten knappkantig aufeinander. Stecke die Futtertasche in die Außentasche und bügle die Kanten, allerdings ohne direkt über das Kunstleder zu bügeln!

4. Kam Snap anbringen

Bringe nun noch an der im Schnittteil der Klappe eingezeichneten Position das Oberteil eines Kam Snaps an. Montiere anschließend das Gegenstück passend auf der Taschenvorderseite.

TIPP

Du kannst die Schlüsselanhängertasche auch für Hunde-Leckerlis verwenden. So hast du bei der nächsten Gassirunde alles parat!

BLUMENÜBERTÖPFE

Maße: je nach Topfgröße

MATERIAL

- Oberstoff: Canvas, Verbrauch je nach Topfgröße, siehe Schema
- Futterstoff: beschichtete Baumwolle, Wachstuch oder selbst laminierter Stoff, Verbrauch je nach Topfgröße, siehe Schema
- ReLeda oder SnapPap: Reste für Henkel, Bänder oder Schlaufen

- **Für Variante 1/Blumenampel:**
  4 Ösen
  1 runder Karabiner
  Stickgarn (optional)
- **Für Variante 2 mit Henkeln:**
  4 Buchschrauben
- **Für Variante 3 mit Schlaufen:**
  Kordel, 1 cm Ø: Länge = Topfumfang

SCHNITTERSTELLUNG & ZUSCHNITT

Erstelle mithilfe des Schemas ein Schnittmuster für den Übertopf. Du brauchst dafür die fertige Höhe sowie die Breite des Übertopfs. Wenn du die obere Kante noch umschlagen möchtest, musst du dieses Maß noch zur Höhe addieren.

- **Aus Oberstoff**
  1 × Übertopf im Stoffbruch
- **Aus Futterstoff**
  1 × Übertopf im Stoffbruch
- **Aus ReLeda bzw. SnapPap**
  Variante 1/Blumenampel:
  4 × Riemen: 2 cm × gewünschte Länge
  Variante 2 mit Henkeln:
  2 × Henkel: 2 cm × gewünschte Länge
  Variante 3 mit Schlaufen:
  4 × Schlaufe: 2 × 4 cm

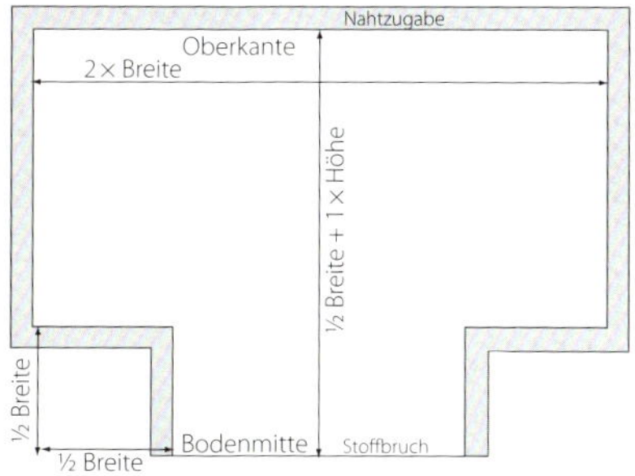

LOS GEHT'S

1. Seitennähte schließen

Lege jeweils das Oberstoff- und das Futterteil rechts auf rechts zur Hälfte, sodass die Oberkanten aufeinanderliegen. Nähe die Seitenkanten zusammen. Bügle die Nahtzugaben vorsichtig von links und mit einem Bügeltuch auseinander.

2. Bodenecken nähen

Ziehe die Teile so auseinander, dass die offenen Kanten am Boden aufeinanderliegen und die Seitennähte jeweils genau auf die Bodenmitte treffen. Nähe die Kanten zusammen. Wende das Oberstoff-Außenteil auf rechts.

3. Außen- und Innenteil zusammenfügen

Stecke das Außenteil rechts auf rechts in das Innenteil und stecke die oberen Kanten bündig zusammen. Die Seitennähte treffen hierbei aufeinander. Nähe die Oberkanten bis auf eine ausreichend große Wendeöffnung zusammen. Falls der Stoff beim Nähen durch die Beschichtung verrutscht, klebe im Bereich der Nahtzugabe auf die rechte Seite einer Oberkante ringsum Wondertape und fixiere so die Kanten von Außen- und Innenteil. Wende den Übertopf durch die Öffnung, forme alle Ecken aus und stecke das Innen- in das Außenteil. Fixiere die obere Kante mit Clips und steppe sie knappkantig ab. Dabei wird auch die Wendeöffnung geschlossen.

4. Variante 1, Blumenampel

Montiere an den oberen Enden der Riemen jeweils eine Öse. Du kannst die Riemen auch noch verzieren. Stanze dafür Löcher in regelmäßigen Abständen in die Streifen, um sie mit Stickgarn zu besticken. Nähe die Riemen mit den unteren Enden jeweils von außen an den Übertopf. Steppe dazu ein durchkreuztes Quadrat auf das Riemenende. Fädle die oberen Enden mit den Ösen auf den runden Karabiner.

5. Variante 2, mit Henkeln

Stanze an den Enden der Henkel und an den entsprechenden Stellen am Übertopf Löcher im Durchmesser der Buchschrauben. Befestige die Henkel mithilfe der Buchschrauben am Übertopf.

6. Variante 3, mit Schlaufen

Nähe die Schlaufen an den Ecken ca. 1 cm vom oberen Rand entfernt an Ober- und Unterkante auf. Fädle die Kordel durch die Schlaufen, fixiere die Kordelenden auf Stoß mit Klebeband und schiebe die Klebestelle hinter eine Schlaufe.

TIPP

Stelle deine Pflanze immer mit Untersetzer in die Übertöpfe, da diese nicht zu 100 % wasserdicht sind!

NOTIZBUCH-ORGANIZER

Maße
16,5 × 23 cm

MATERIAL

- Oberstoff: 50 × 50 cm Filz in Mint, 1–2 mm dick
- Kontraststoff: 50 × 25 cm Filz in Rosa, 1–2 mm dick
- SnapPap plus in Dunkelbraun: 50 × 30 cm
- 1 Steckschnalle in Kupfer für 2,5 cm breites Gurtband
- Wondertape
- Sprühkleber

ZUSCHNITT

- Aus Oberstoff
  1 × Außenteil: 43 × 23 cm
  1 × Einstecklasche A: 10 × 22 cm
  1 × Einstecklasche B: 5 × 22 cm
  1 × Steckfach: 9 × 7 cm
- Aus Kontraststoff
  1 × Kontraststreifen: 43 × 11,5 cm
  1 × Stiftefach: 9 × 9 cm
  1 × Steckfach: 9 × 7 cm
- Aus SnapPap plus
  1 × Innenteil: 43 × 23 cm
  1 × Gurt: 40 × 2,5 cm

LOS GEHT'S

1. Außenteil vorbereiten

Lege den Kontraststreifen bündig zur unteren Kante links auf rechts auf das Außenteil und steppe ihn ringsum knappkantig fest. Markiere dir mithilfe eines Geodreiecks im 45-Grad-Winkel mit einem selbst löschenden Stift ein Rautenmuster und steppe diese Linien ab.

2. Innenteil vorbereiten

Fixiere die Einstecklasche A jeweils 5 mm vom oberen, unteren und linken Rand und Einstecklasche B 5 mm vom oberen und unteren und 21 cm vom linken Rand auf dem Innenteil. Steppe Einstecklasche A knappkantig an den drei äußeren Kanten und Einstecklasche B an der oberen und unteren Kante fest.

3. Stiftefach und erstes Steckfach aufnähen

Fixiere das Stiftefach 5 mm vom unteren und rechten Rand und nähe es seitlich und unten knappkantig auf. Steppe drei Unterteilungen ab, bei 2 mm dickem Filz nur zwei. Lege das Steckfach in Rosa 2 cm von der oberen und 5 mm von der rechten Kante auf das Innenteil und nähe die untere Kante knappkantig fest.

4. Zweites Steckfach aufnähen

Nun wird das Steckfach in Mint 2 cm von der oberen Kante des ersten Steckfachs fixiert und die Seiten beider Fächer und der Boden des zweiten Steckfachs werden in einem Arbeitsgang knappkantig abgesteppt.

5. Gurt mit Steckschnalle aufnähen

Fädle die zwei Teile der Steckschnalle auf den Gurt aus SnapPap und klappe die Enden jeweils 4 cm breit zur linken Seite um. Nähe nun jeweils knapp neben den Schnallenteilen und noch einmal ca. 3,5 cm von der Schnalle entfernt (= innere Steppkanten) eine Naht, um die umgeklappten Teile des Gurts zu fixieren. Klebe auf die linke Seite des Gurts mittig einen Streifen Wondertape und fixiere den Gurt mittig auf der Kante zwischen Außenteil und Kontraststreifen sowie 9 cm von der rechten Kante entfernt. Gemessen wird hier ab dem Steg des Steckschnallenteils, durch den der Gurt gefädelt wurde. Nähe nun knappkantig zwischen den inneren Steppkanten des Gurts ein Rechteck – die inneren Steppkanten werden dabei noch einmal übernäht.

6. Innen- und Außenteil zusammennähen

Lege nun das Außenteil links auf links auf das Innenteil. Um es genau zu positionieren, ist es ratsam, die linke Seite des Innenteils mit Sprühkleber zu versehen und das Außenteil daraufzukleben. Steppe beide Teile ringsum knappkantig zusammen.

TIPP

Anstelle von SnapPap und Filz kannst du auch andere Materialien verwenden, die offenkantig vernäht werden können, z. B. Kunstleder oder Korkstoff.

REGISTER

GLOSSAR

ABNÄHER
Keilförmig abgenähte Stoffpartie, mit der Schnittteile den Rundungen des Körpers (meist an Brust, Hüfte, Rücken oder Schulter) angepasst werden.

ABSTEPPEN
Eine Naht oder Kante wird abgesteppt, um diese zu stabilisieren oder zu verzieren. Dabei wird meist knappkantig gesteppt, d. h., das Nähfüßchen läuft 1–2 mm neben der Naht oder Kante. Mit Geradstichen, die in kontrastfarbigem Garn (Knopfloch-, Ziersteppgarn) mit Zwillingsnadel gesteppt werden, lassen sich schöne Effekte erzielen.

APPLIZIEREN
Technik zum Verzieren, bei der Motive aus Stoff ausgeschnitten und auf einen Stoffgrund aufgenäht werden.

ÄRMELBRETT
Kleines, schmales Bügelbrett zum Bügeln von Ärmeln und anderen kleineren Stoffteilen mit Rundungen.

AUF RECHTS DREHEN ODER WENDEN
Ein fertig genähtes Teil wird auf die rechte Seite gedreht (manchmal durch eine Öffnung in der Naht). Die Nähte können nach dem Wenden zwischen den Fingern gerollt werden, bis sie am Rand liegen. Ecken stülpt man ggf. mit einem stumpfen Bleistift um (oder einem Schlauchwender/Wendewerkzeug aus dem Nähfachhandel).

AUSRÄDELN
Methode zum Kopieren eines Schnittmusters aus einem Schnittbogen. Man legt Papier unter den Schnittbogen und überträgt mithilfe eines Kopierrädchens die Konturen der Schnittteile und alle Markierungen auf Papier.

BEIDSEITIGES BÜGELVLIES
Klebevlies mit Trägerpapier, mit dem man zwei Stofflagen verbinden kann, z. B. für Applikationen. Bei der Verarbeitung die Herstelleranweisungen genau befolgen.

BESATZ
Auch Beleg; Stoffteil, das dazu verwendet wird, eine Kante zu versäubern und zu verstärken, z. B. an einem Kleidungsstück oder einer Tasche.

BRUCHKANTE
Stoffbruch (Faltkante) bei doppelt gelegtem Stoff. Soll ein Schnittteil im (Stoff-)Bruch zugeschnitten werden, muss das Schnittmuster exakt an die Bruchkante des Stoffs angelegt und der Fadenlauf beachtet werden.

BÜGELN
Das Bügeln ist ein wichtiger, unerlässlicher Bestandteil des Nähens. Der Stoff sollte zunächst vor dem Zuschneiden gebügelt werden, damit er faltenfrei auf der Arbeitsfläche ausgebreitet werden kann. Außerdem sollte jede fertige Naht von links auseinandergebügelt werden. Die Bügeltemperatur richtet sich nach dem Material. Wollstoffe, Synthetikstoffe oder Stoffe mit Elasthananteil sollten beim Bügeln immer mit einem feuchten Tuch geschützt werden. Leinen und Baumwolle können sehr heiß gebügelt werden, Seide bei mittlerer Temperatur.

BUND
Abschlussstreifen an einem Kleidungsstück; bei Hosen, Jacken oder Pullovern sitzt er meistens in der Taille oder in der Hüfte. Auch in kleiner Form als Bündchen, wie am unteren Ende von Ärmeln. Es gibt verschiedene Schnittvarianten (z. B. Formbund, gerader Bund mit Übertritt).

BÜNDIG LEGEN
Stoffteile an den Schnittkanten exakt aufeinanderlegen.

DER BREITE NACH FALTEN
Den Stoff quer, also parallel zur Stoffbreite falten.

DER LÄNGE NACH FALTEN
Oder auch längs falten: Den Stoff mittig falten, parallel zu den Webkanten oder so, dass diese aufeinanderliegen.

DURCHPAUSEN
Methode zum Kopieren eines Schnittmusters aus einem Schnittbogen mit mehreren Modellen. Man breitet den Bogen flach auf der Arbeitsfläche aus, legt dann Transparentpapier darüber und zeichnet die einzelnen Konturen der Schnittteile mit Bleistift nach. Dabei auch alle Passzeichen und weiteren Markierungen mit übertragen.

ECKEN NÄHEN

Beim Nähen von Ecken steppt man bis zum Eckpunkt, dort wird die Nadel eingestochen, dann der Nähfuß angehoben, der Stoff in die gewünschte Position gebracht (um die Ecke gedreht), das Füßchen wieder gesenkt und weitergenäht.

EINFASSEN

Methode zum Versäubern und Verstärken von Säumen und Kanten. Dabei wird ein Band oder ein Schrägstreifen bündig an den Saum oder die Kante gesetzt. Man kann dafür im Fachhandel erhältliche Bänder oder im schrägen Fadenlauf zugeschnittene Stoffstreifen verwenden.

EINLAGEN

In verschiedenen Stärken und Varianten erhältliche Materialien zum Einnähen oder Aufbügeln, die zwischen Oberstoff und Beleg liegen, um dem Kleidungsstück (z. B. an Kragen oder Bund) mehr Festigkeit und Formstabilität zu geben.

EINREIHEN (EINKRÄUSELN)

Beim Einreihen werden zwei Nähte mit großen Stichen rechts und links von der Nahtlinie gesteppt, dabei werden die Fäden nicht vernäht und abgeschnitten, sondern bleiben hängen. Dann hält man jeweils die beiden Oberfäden fest, um die Stoffbahn zu Fältchen zusammenzuschieben. Bevor das so eingereihte Stoffteil an ein anderes genäht wird, müssen die Kräusel gleichmäßig verteilt werden.

EINSCHNITT

An Spitzen und Rundungen werden die Nahtzugaben keilförmig eingeschnitten, damit die Nähte von rechts flach liegen und es keine Schrägzüge gibt. Mit kleinen Einschnitten (Kerben) in die Nahtzugaben können auch Markierungen vom Schnittmuster auf die Stoffbahnen übertragen werden.

FADENLAUF

Der Fadenlauf markiert die Richtung, in der die Kettfäden bei gewebten Stoffen laufen. Der Kettfaden ist der in Längsrichtung laufende, der Schussfaden der in Querrichtung laufende Faden. Der Fadenlauf wird auf dem Schnittbogen meist mit einem Pfeil gekennzeichnet und zeigt an, in welcher Richtung das Schnittteil auf den Stoff gelegt werden muss.

FADENSPANNUNG

Damit Ober- und Unterfaden gleichmäßige Stiche bilden, lässt sich bei jeder Nähmaschine die Fadenspannung regulieren.

FALTEN

Falten werden zum Einhalten von Stoffweite gelegt; sie sind auch bestimmendes Element bei der Gestaltung von Stil und Silhouette von Kleidung. Es gibt verschiedene Faltenarten.

FÜLLKISSEN

Innenkissen, bestehend aus einem einfachen Baumwollbezug mit einer Füllung aus Federn oder synthetischen Fasern; in vielen Größen und Formen erhältlich.

FUTTER

Zweite, an der Innenseite eines Kleidungsstücks liegende, meist dünne Stofflage, die alle Nähte und Einlagen verdeckt. Ein Futter verbessert außerdem die Trageeigenschaften des Kleidungsstücks und dient der zusätzlichen Isolierung.

GARNROLLENHALTER

Metall- oder Kunststoffdorn auf der Nähmaschine, auf den die Garnrolle gesetzt wird und von dem aus das Garn durch die Führungshaken zur Nadel gezogen wird.

GESTEPPTER SAUM

Dafür wird die Saumzugabe nach innen umgebügelt und die Schnittkante schmal nach innen umgeschlagen. Die Bruchkante wird dann knappkantig abgesteppt.

HEFTEN

Beim Heften werden einzelne Schnittteile mit großen Hand- oder Maschinenstichen provisorisch zusammengesetzt, um die Passform eines Kleidungsstücks vorab zu prüfen.

KNOPF

Dient zusammen mit dem Knopfloch als Verschluss bei Kleidungsstücken. Knöpfe sind in vielen verschiedenen Formen und aus unterschiedlichen Materialien wie Porzellan, Holz, Steinnuss, Leder, Horn, Metall, Perlmutt oder Kunststoff erhältlich. Knöpfe bestimmen den Charakter eines Kleidungsstücks, unterliegen modischen Trends und werden manchmal auch nur zur Zierde aufgenäht.

KNOPFLOCH

Öffnung im Stoff, durch die der Knopf gezogen wird. Das Knopfloch kann an der Maschine mit dichten Zickzackstichen genäht werden, im Schneiderhandwerk dagegen wird es meist von Hand gefertigt. Fast jede Nähmaschine verfügt über eine Knopflochautomatik, mit der sich Knopflöcher in beliebiger Größe sehr einfach stufenweise nähen lassen.

KNOPFLOCHGARN

Auch Knopflochzwirn genannt, besteht aus einem dickeren Faden aus Seide oder Polyester, den Schneider für handgenähte Knopflöcher verwenden. Das Garn ist besonders reißfest und kann auch für andere Näharbeiten benutzt werden.

KNOPFSTEG

Kleiner Steg (auch Schaft), der als Abstandshalter zwischen Knopf und Stoff dient. Befindet sich entweder als Öse schon am Knopf oder kann selbst aus Garn beim Knopfannähen hergestellt werden. Vor allem bei dickeren Stoffen sind Stege für einen guten Sitz wichtig.

KOPIEREN

Übertragen eines Schnittmusters inklusive Markierungen auf den Stoff. Es gibt verschiedene Methoden, Schnittmuster zu kopieren. Mit speziellem Schneider-Kopierpapier, das unter den Stoff gelegt wird, kann man mithilfe des Kopierrädchens Linien auf den Stoff durchdrücken bzw. „kopieren".

KOPIERRÄDCHEN

Hilfsmittel zum Übertragen von Schnittmustern und Markierungen auf den Stoff.

KRÄUSELFADEN

Elastischer Faden, auch Hutgummi oder Elastikgarn genannt, z.B. zum Smoken oder für Bündchen an Strickwaren, damit bleiben Kräusel oder Rüschen dehnbar. Als Kräuselfaden bezeichnet man auch den Faden aus normalem Nähgarn, der für Nähte mit großen Stichen zum Einreihen eines Stoffteils verwendet wird.

KRÄUSELN (EINREIHEN)

Dafür werden mit einem Abstand von etwa 1 cm zwei Reihen lockere, große Geradstiche nebeneinandergesteppt und am Ende nicht vernäht. Durch das Ziehen am Unterfaden kann man den Stoff zu Kräuseln zusammenschieben.

KREIDESTIFT

Stift zum Übertragen von Linien und Markierungen auf den Stoff. Mit einer Bürste ist die Kreide gut zu entfernen.

KURZWAREN

Sammelbegriff für alle Zutaten (außer Stoff), die zum Nähen benötigt werden, wie Garne, Verschlüsse, Bänder, dekorative Elemente usw.

KUVERTECKE

Eine 90-Grad-Ecke an Textilien, bei der die Nahtzugabe in einem Winkel von 45 Grad gefaltet und abgenäht wird, damit sie flach bleibt.

LEINEN

Wird aus Flachs hergestellt; ein sehr strapazierfähiger, haltbarer Stoff, der mit dem Tragen weicher und schöner wird. Neues oder gut erhaltenes altes Leinen eignet sich auch für Schürzen oder Geschirrtücher.

LINKE STOFFSEITE

Die meisten Stoffe haben eine Vorder- und eine Rückseite, nur wenige sind von beiden Seiten zu verwenden. Als linke (Stoff-)Seite bezeichnet man immer die Rückseite des Stoffs, die dann bei einem Kleidungsstück innen liegt. Auf die linke Stoffseite werden beim Zuschnitt auch alle Markierungen des Schnittmusters übertragen.

MASCHINENHEFTEN

Stoffteile werden mit großen Steppstichen mit der Nähmaschine provisorisch zusammengenäht.

MASCHINENSTICHE

Je nach Nähmaschine können verschiedene Stiche eingestellt werden. Die üblichsten, da am häufigsten gebraucht, sind der Stepp- oder Geradstich, der Zickzackstich zum Versäubern der Schnittkanten, der Elastikstich und der Blindstich, mit dem Säume unsichtbar genäht werden können.

MEHRGRÖSSENSCHNITT

Schnittmuster, bei dem ein Modell in verschiedenen Größen angegeben ist. Die Größen werden meist durch unterschiedliche Linien oder Farben gekennzeichnet und müssen dann entsprechend der gewünschten Größe ausgeschnitten oder aus dem Schnittbogen herauskopiert werden.

NÄHFÜSSCHEN
Teil der Nähmaschine, das den Stoff hält und weiterführt. Es gibt verschiedene Füße, die je nach Stich- und Nahtart eingesetzt werden (z.B. Blindstichfuß, Knopflochfuß).

NÄHGARN
Es gibt sie aus verschiedenen Fasern wie Baumwolle, Seide, Synthetikfasern. Allesnäher eignen sich für fast jeden Stoff. Zum Nähen braucht man einen Ober- und einen Unterfaden, Letzterer wird auf die Spule gewickelt.

NAHT
Die gerade oder gebogene Linie aus Stichen, mit der zwei Stoffteile aneinandergenäht sind.

NAHTREISSVERSCHLUSS
Spezieller Reißverschluss, der nicht sichtbar zwischen zwei Teile eines Kleidungsstücks genäht wird. Die Naht wird dabei erst nach dem Einsetzen geschlossen.

NAHTTRENNER
Auch Trennmesser oder Pfeiltrenner; kleines Hilfsmittel mit scharfkantiger Spitze zum leichten Auftrennen von Nähten und zum Einschneiden von Knopflöchern.

NAHTZUGABE
Die Nahtzugabe ist der Abstand zwischen der Nahtlinie und der Schnittkante. Sie beläuft sich bei Verbindungsnähten meist auf 1 cm, an Säumen auf 3–4 cm. Die Nahtzugabe ist entweder auf dem Schnittmuster eingezeichnet oder wird beim Zuschneiden noch dazugegeben.

NESSELMODELL
Probeteil: Das Kleidungsstück kann zuerst aus günstigem hellem Baumwollnessel genäht werden, um die Passform zu überprüfen und Änderungen vorzunehmen. Erst dann wird der Originalstoff zugeschnitten.

OVERLOCKMASCHINE
Spezielle Nähmaschine, die in einem Arbeitsgang versäubert, steppt und Kanten abschneidet.

OVERLOCKSTICH
Viele Nähmaschinen verfügen über diesen Stich, den man statt des Zickzackstichs verwenden kann.

RAFFEN
Der Stoff wird durch Kräuseln in kleine Fältchen gelegt.

RAPPORT
Das Muster in einem Stoffdruck wiederholt sich in der Länge in regelmäßigen Abständen. Dieser Rapport sollte beim Zuschnitt möglichst berücksichtigt werden.

RECHTE STOFFSEITE
Die rechte (Stoff-)Seite ist die Vorderseite des Stoffs, also die, die sich am Kleidungsstück außen befindet.

REISSVERSCHLUSS
Verschluss, den es in verschiedenen Größen, Materialien (Kunststoff, Metall) und Ausführungen gibt (teilbar, Nahtreißverschluss). Textilband mit kleinen Zähnchen, die mithilfe eines Schiebers ineinandergreifen und sich verhaken, um eine Öffnung zu schließen.

REISSVERSCHLUSSFUSS
Schmaler Nähfuß, zum Einnähen von Reißverschlüssen, mit dem man näher entlang der Zähnchenkante steppen kann, ist Standardzubehör von Nähmaschinen.

RIEGEL
Kleine, dicht genähte Reihe von (Zickzack-)Stichen, die an besonders beanspruchten Verbindungsstellen eines Kleidungsstücks genäht wird, damit sie nicht ausreißen.

RÜCKSTICH
Auch Steppstich genannt, kann für Handnähte eingesetzt werden oder für Säume. Die kleinen, regelmäßigen Stiche werden von rechts nach links gearbeitet.

RÜSCHE
Schmückender Besatz in Form eines gekräuselten Stoffstreifens, der mit der gereihten Längskante an ein Kleidungsstück genäht wird. Die andere Kante hängt immer frei und ist meist gesäumt oder versäubert. Kann in verschiedensten Breiten gearbeitet werden.

SATINBAND, DOPPELSEITIG
Zierband, das etwas dicker als einfaches Satinband und auf beiden Seiten glatt und glänzend ist.

SAUM
Der Saum ist die meist versäuberte Unterkante eines Kleidungsstücks. Je nach Stoffart und Stil des Kleidungsstücks wird der Saum unterschiedlich genäht (z.B. Rollsaum, gesteppter Saum, hohl genähter Saum).

SAUMLINIE

An der Saumlinie wird die Saumzugabe nach innen umgeschlagen. Die Saumlinie ist demnach die Unterkante des Kleidungsstücks.

SAUMZUGABE

Abstand zwischen Saumlinie und Schnittkante an der Unterkante eines Kleidungsstücks.

SCHERE

Eine große, scharfe Zuschneideschere ist beim Nähen unerlässlich. Außerdem ist eine Papierschere zum Ausschneiden der Schnittmuster notwendig sowie eine kleine, scharfe Handarbeitsschere für Handnäharbeiten und auch zum Aufschneiden von Knopflöchern. Zum Zuschneiden von wenig ausfransenden Stoffen oder Futterstoffen eignet sich besonders gut eine Zackenschere, da die Stoffteile dann nicht versäubert werden müssen.

SCHLAUCHWENDER

Ein nützliches (aber nicht unbedingt notwendiges) Werkzeug, wenn man einen schmalen Stoffschlauch, wie etwa für Schlaufen, auf rechts drehen will.

SCHNEIDER-KOPIERPAPIER

Im Fachhandel erhältliches Papier, mit dem Schnittmuster inklusive Markierungen einfach auf den Stoff zu übertragen sind. Linien können später durch Waschen leicht entfernt werden.

SCHNEIDERKREIDE

Mit einem Stück fest gepresster feiner Kreide kann man Linien und Markierungen auf Stoff zeichnen. Gibt es in verschiedenen Formen, auch lose und als Stift; lässt sich leicht ausbürsten. Weiße Kreide eignet sich für dunkle Stoffe, farbige eher für helle.

SCHNEIDERPUPPE

Auch Schneiderbüste; lebensgroße Figur (nur Rumpf), die der Körpersilhouette entsprechend geformt ist und zur Anprobe von Kleidungsstücken verwendet wird. Schneiderpuppen gibt es in Standardgrößen oder als verstellbare Modelle.

SCHNITTAUFLAGEPLAN

Plan, der einem Schnittmuster beiliegt und beschreibt, wie die Schnittteile auf den Stoff gelegt werden.

SCHNITTKANTE

Außen liegende Kante eines Schnittteils.

SCHNITTKONTUR

Linie auf einem Schnittmuster, die als Orientierung für den Zuschnitt dient. Oft muss die eingezeichnete Linie noch um die Nahtzugabe erweitert werden. Wenn die Nahtzugabe bereits enthalten ist, ist dies in der Schnittanleitung vermerkt.

SCHNITTMUSTERMARKIERUNGEN

Symbole auf dem Schnittmuster, die eine erste Anleitung zum Zuschneiden und Nähen geben. Wie detailliert die Markierungen sind, hängt vom Schnittmusterhersteller ab. Die Symbole sollten möglichst alle mit Schneiderkreide auf die linke Stoffseite übertragen werden.

SCHNITTMUSTERPAPIER

Große Papierbogen zum Erstellen oder Abpausen von Schnittmustern. Leicht transparent; gibt es in verschiedenen Ausführungen, auch mit einem Zentimeterraster, das das maßstabsgerechte Übertragen, Vergrößern oder Verkleinern von Motiven und Skizzen erleichtert.

SCHNITTTEILE

Ein Schnittmuster besteht aus verschiedenen Schnittteilen, die – aus Stoff zugeschnitten und dann zusammengesetzt – das Kleidungsstück ergeben.

SCHRÄGBAND

Gibt es mit oder ohne vorgefalzte Kanten in der Kurzwarenabteilung. Meist besteht es aus Baumwolle oder Viskosesatin und ist in einer großen Auswahl an Farben und in verschiedenen Breiten erhältlich. Dient zum Einfassen von geraden und gebogenen Schnittkanten. Es gibt Spezialzubehör (Schrägbandformer), mit dem man akkurate Kanten einbügeln kann, wenn man vorhandenen Stoff für eine Einfassung verwenden und die Schrägstreifen selbst zuschneiden möchte.

SPULE

Rolle zum Aufwickeln des Unterfadens, die dann in das Gehäuse der Nähmaschine gesetzt wird.

STECKNADELN

Dabei kann man zwischen feinen Nadeln mit winzigen Metallköpfen oder solchen mit bunten Glas- oder Plastikköpfen wählen. Stecknadeln sind elementar beim Nähen, sie sollten immer in einem kleinen Behältnis bereitliegen. Praktisch sind Magnetnadelkissen.

STEPPEN

Geradstiche an der Nähmaschine nähen.

STEPPFUSS
Nähfuß für die Maschine, der zum Absteppen von Nähten und Kanten verwendet wird.

STEPPSTICH
Auch Geradstich; der Grundstich jeder Haushaltsnähmaschine. Nähte können zur Betonung oder Verstärkung von rechts zusätzlich abgesteppt werden.

STICKNADEL
Eine Nadel mit sehr großem Öhr und stumpfer Spitze zum Sticken, aber auch für viele andere Handarbeiten geeignet.

STOFFBRUCH
siehe Bruchkante

STOFFVERBRAUCH
Kalkulierte Menge an Stoff, die zum Nähen eines Kleidungsstücks benötigt wird. Der Stoffverbrauch hängt von der gewählten Größe ab, in der das Kleidungsstück genäht werden soll, und von der jeweiligen Stoffbreite.

TASCHENBEUTEL
Der im Inneren eines Kleidungsstücks liegende Teil einer Tasche, der an die Leiste am Eingriff genäht wird.

TEILBARER REISSVERSCHLUSS
Lässt sich vollständig öffnen; z. B. für Jacken oder Mäntel.

TEXTILSTIFT
Eine Art Filzstift, mit dem Markierungen auf den Stoff übertragen werden können. Die Linien sind auswaschbar oder verschwinden nach einiger Zeit von selbst.

TUNNELZUG
Doppellagige Stoffpartie (meist in der Taille) zwischen zwei parallel verlaufenden Nähten; mit kleiner Öffnung, durch die eine Kordel oder ein Gummi gezogen wird.

ÜBER- UND UNTERTRITT
Eine Verschlussleiste besteht aus einem Über- und einem Untertritt, der Übertritt ist der meist sichtbare, obere Bereich, der auf dem Untertritt liegt.

UMSCHLAG
Meist schon im Schnitt enthaltene Zugabe am Saum von Ärmeln oder Hosen, die gemäß den im Schnitt eingezeichneten Umbruch- und Stepplinien umgelegt und festgenäht wird.

VERSÄUBERN
Stoffteile werden direkt an der Schnittkante mit groß eingestelltem Zickzackstich umnäht, um ein Ausfransen des Stoffs zu verhindern. Kanten können auch auf andere Weise versäubert werden, wie durch Einfassen mit Schrägband oder mit der Overlock.

VERSTÜRZEN
Technik, mit der zwei Stoffkanten so zusammengenäht und gewendet werden, dass die Nahtzugaben zwischen den Kanten liegen und nicht mehr sichtbar sind. Dafür werden die Stoffteile meist rechts auf rechts gelegt.

WEBKANTE
Die beiden geschlossenen (also nicht fransenden) Längskanten an einem gewebten Stoff. Die Webkanten sind meist etwas dicker und fester als das eigentliche Gewebe. Der Fadenlauf liegt immer parallel zur Webkante.

ZICKZACKSTICH
Maschinenstich, mit dem meist Kanten versäubert werden. Die ideale Stichlänge und -breite für den jeweiligen Stoff lässt sich am besten durch eine Nähprobe herausfinden.

ZUSCHNEIDESCHERE
Schere mit besonders langen Klingen und abgewinkeltem Griff zum Zuschneiden.